www.ingramcontent.com/pod-product-compliance
Lightning Source LLC
LaVergne TN
LVHW022226200926
848481LV00006B/2134
9781778923166

خـــودورزی

رویکردی سیستم‌اندیش به روان درمانی

دکتر رضا جوهری‌فرد

طراح و بنیانگذار خودورزی

سریال کتاب:P۲۵۴۵۱۳۰۲۹۱
عنوان: خـــودورزی
زیرنویس عنوان: رویکردی سیستم‌اندیش به روان‌درمانی
نویسنده: دکتر رضا جوهری‌فرد
ویراستار: دکتر رها غفورپور
صفحه‌آرایی: نرگس تاج‌الدینی
طراح جلد: رونیا جوهری فرد
شابک: ISBN: ۹۷۸-۱-۷۷۸۹۲-۳۱۶-۶
موضوع: روانشناسی، روان‌درمانی، خودشناسی
مشخصات کتاب: قطع رقعی، جلد مقوایی
تعداد صفحات: ۲۱۲
انتشارات در کانادا: انتشارات بین‌المللی کیدزوکادو

KIDSOCADO PUBLISHING HOUSE
VANCOUVER, CANADA

تلفن: ۸۲۴۸ ۷ ۳۳۳ (۸۲۳) ۱+
واتس آپ: ۷۲٤۸ ۳۳۳ (۲۳٦) ۱+
ایمیل: info@kidsocado.com
وب‌سایت: https://www.kidsocado.com

فهرست مطالب:

پیشگفتار

در طول یک قرن گذشته، روان‌درمانی شاهد ظهور رویکردهای گوناگونی بوده است که هر یک بر جنبه‌های خاصی از تجربه انسانی تأکید داشته‌اند؛ از ناخودآگاه و تعارض‌های درونی گرفته تا شناخت‌ها، هیجان‌ها و روابط بین‌فردی. با گسترش این رویکردها، نیاز به یکپارچگی نظری و عملی به‌طور فزاینده‌ای آشکار شد. جنبش «یکپارچه‌سازی در روان‌درمانی» به‌طور رسمی در دهه ۱۹۸۰ شکل گرفت و هدف آن غلبه بر محدودیت‌های مدل‌های تک‌مکتبی بود.

با وجود این تلاش‌ها، چالش مرکزی همچنان باقی است: چگونه می‌توان مدلی ارائه داد که از نظر نظری منسجم باشد و در عین حال به‌طور هم‌زمان ابعاد چندگانه تجربه انسانی را نیز مورد توجه قرار دهد؟ برای پاسخ به این خلأ، مدل «خودورزی» به‌عنوان یک رویکرد نوین پیشنهاد می‌شود.

آشنایی من با تفکر سیستم‌اندیش با رویکردی کل‌نگر، ارتباط-محور و ترکیبی (syntatic) در برابر جزءنگری و کاهش گرایی (reductionism)، و با در نظر گرفتن بافتار (content) فرهنگی، من را بر آن داشت تا شیوه‌ای جدید برای درمان مراجعین خود در پیش

بگیرم، تا ضمن تحلیل و درمان گذشته فرد، به آینده‌نگری و ساخت روایت و مسیر ویژه فرد از زندگی‌اش و از همه مهم‌تر، استفاده از زمان و نیروی حال، توجه شود، شیوه‌ای که تا پایان عمر فرد را در جهت رشد و بالندگی قرار دهد. بنابراین، خودورزی، یک برنامه آموزشی درمانی است بر مبنای شناخت و تحلیل گذشته و شخصیت فرد (بر این بودگی)؛ آفرینش و ساخت آینده (به آن شدگی) و حرکت در مسیر زندگی در زمان حال (تم زندگی).

- بیش از پنج سال از طراحی و نگارش نخستین کتاب‌های خودورزی به صورت نسخه‌های آزمایشی می‌گذرد و در این سال‌ها، ده‌ها بار ویرایش و بازنویسی این کتاب‌ها بر اساس پژوهش‌های کمی و کیفی و مطالعات گوناگون، خودورزی را از یک نوزاد تازه متولد شده به یک کودکی پویا و بالنده و به تدریج بالغ رسانده است که شواهد تجربی بسیار نشان از کارآمدی آن دارد. این کتاب که برای نخستین بار به چاپ می‌رسد، حاصل این سال‌های پژوهش و آموزش‌های کارگاهی و مطالعات اثربخشی بخش‌های نظری و فنی آن است. این کتاب در کنار کتاب کار خودورزی، می‌تواند نسخه‌ای جامع از معرفی این رویکرد درمانی و نگرش جدید به زندگی را برای درمانگران و درمانجویان فراهم نماید.

- این کتاب با عنوان «خودورزی، رویکردی سیستم اندیش به روان درمانی»، بخشی از پروژه تحقیقاتی خودورزی است که سال‌ها به صورت پژوهش‌های آزمایشی و درمانی در دانشگاه و فضای بالینی مورد بررسی قرار گرفته است و به تدریج به چاپ می‌رسد. این کتاب مکمل کتاب «خودورزی، مسیری برای خویشتن و زیستن» است که توسط همین انتشارات منتشر شده است. در پایان از همکاری همه عزیزانی که در آماده‌سازی این کتاب نقش داشته اند، به ویژه سرکار خانم کشاورز مدیر انتشارات کیدزوکادو کانادا برای انتشار این کتاب سپاسگزاری می‌کنم.

رضا جوهری فرد

روان درمانگر- استادیار دانشگاه

۲۰۲۶

فصل اول
روان درمانی چیست؟

روان درمانی چیست؟

اصطلاح روان‌درمانی از ریشه یونانی psyche[1] به‌معنای روح و جان زندگی‌بخش و therapeia به‌معنای خادم یا ملازم روح گرفته شده‌است (تیک، ۱۹۹۲).

برای روان‌درمانی تعریف‌های بسیاری آمده است، اما، در اینجا به یک تعریف نسبتاً جامع و کاربردی اکتفا می‌کنیم. به‌طورکلی، روان‌درمانی عبارت است از:

> «کاربرد آگاهانه و تجویز شده فنون و روش‌های بالینی که حاصل اصول و نظریه‌های رایج روان‌شناسی است و افراد متخصصی که با مراجع ارتباط درمانی برقرار کرده‌اند به این کار مشغولند تا اهداف موردنظر روان‌درمانی را به‌صورتی حاصل کنند که مطلوب مراجع است» (جوهری فرد، ۱۴۰۳).

تعریفی ساده‌تر و کاربردی‌تر برای روان درمانی اینست که، اگر اختلال روانی را dis-order به معنای بی‌نظمی و بی‌سامانی در سازمان روان بدانیم، آنگاه روان درمانی

۱- در اساطیر یونان، دوشیزه‌ای چنان زیبا که آفرودیته به او رشک برد و کوپیدو را مأمور کرد که عشق پست‌ترین مردان را در دل وی جای دهد. این داستان تمثیلی از نفس انسانی است که چون با تحمل رنج و اندوه پاک شود قرین سعادت می‌گردد (دایرةالمعارف فارسی).

in-order کردن یا به عبارت دیگر، سامان بخشیدن به بخش‌های مختلف روان است. همچون به نظم درآوردن بخش رفتار با رفتاردرمانی، بخش شناخت با شناخت درمانی، هیجان با رویکردهای تحلیلی و هیجان مدار و ... (جوهری فرد، ۱۴۰۳).

اهداف کلی روان‌درمانی

روان‌درمانی رویکردها و نظام‌های بسیاری را شامل می‌شود که به‌تبع هر یک اهداف گوناگونی خواهند داشت. اما در پس این تنوع اهداف مشترکی هم‌چون موارد زیر را می‌توان برشمرد:

- برطرف‌کردن، تغییر دادن و متوقف ساختن نشانه‌های موجود اختلال؛
- مداخله در الگوهای نابهنجار شناختی ـ هیجانی ـ رفتاری؛
- تقویت و رشد جنبه‌های مثبت شخصیت؛
- اصلاح سبک زندگی؛
- تأکید بر آموزش و مهارت‌آموزی؛
- تأکید بر کیفیت زندگی؛
- توجه به نقش ابعاد فلسفی و معنایی در سلامت (پروچسکاونورکراس، ۱۳۹۷؛ شاملو، ۱۳۸۱؛ سازمان جهانی بهداشت، ۲۰۰۰).

اصول مشترک روان‌درمانی

در نگاه نخست، روش‌های گوناگون روان‌درمانی در کنار یکدیگر، بسیار متنوع و پراکنده می‌نماید. درحالی‌که، با نگاهی روش‌شناختی و بالینی درمی‌یابیم که در پس‌زمینه‌های نظری و فلسفی و اصطلاحات خاص هر یک از این رویکردها، اصول مشترک یکسانی وجود دارد. برخی از این اصول مشترک عبارتند از:

۱. **رابطهٔ درمانی**[1]: احساس هشیارانهٔ توافق و هم‌دلی و پاسخ‌دهی متقابل بین دو یا چند شخص است با تأکید بر صداقت، توجه مثبت نامشروط و همدلی خالصانهٔ درمانگر در این رابطه (کاپلان و سادوک، ۲۰۲۳).

1- Rapport

درمانگر می‌تواند برای ایجاد یک رابطهٔ درمانی اثربخش از توصیه‌های زیر استفاده کند:

- دربارهٔ چیزهایی که می‌خواهد به دیگران تفهیم کند، صریح باشد.
- نگرش‌های خود و مراجع را مدّنظر قرار دهد.
- ارزیابی درستی از سبک‌های ارتباط داشته باشد.
- تلاش کند صحبت‌هایش گویا و روشن باشد.
- از تفهیم پیام، پیش از ادامه ارتباط اطمینان حاصل کند.
- تلاش کند چارچوب داوری مراجع را درک کند.
- ایده‌ها را در آسانترین عبارات بیان کند.
- شیوهٔ رشد و تحول مراجع را به روشنی تعریف کند.
- در هر بار فقط یک ایده را بیان کند.
- هر بار فقط یک گام بردارد (یک هدف داشته باشد).
- تکرار مناسب را برای اطمینان از تفهیم پیام به کار گیرد.
- ایده‌ها را با یکدیگر مقایسه کرده و اختلاف آن‌ها را نمایان سازد.
- از استعاره و تمثیل استفاده کند.
- روی عقاید بنیادی (زیر بنایی) تأکید کند.
- زبانی را به کار گیرد که از همهٔ حواس در آن استفاده شود.
- زبان بدن را هماهنگ با پیام کلامی به کار بندد.
- تشویق کردن و توجه به بازخوردهای کلامی و غیرکلامی را در دستور کار قرار دهد.
- نسبت به خطر از دست دادن مراجع آگاه باشد.

۲. **مدیریت اضطراب:** نشانه اضطراب در سطح روان، شبیه نشانه درد در سطح بدن است. در فرآیند درمان، به ویژه در رویارویی با ضربه‌ها، رخدادها و موقعیت‌های آزاردهنده ممکن است اضطراب افزایش یابد، که نشان دهنده پیشرفت آن فن درمانی است و معمولاً گذارا. روان‌درمانگر همیشه باید نسبت به نشانه‌های اضطرابی هشیار باشد و آن را مدیریت نماید (جوهری فرد، ۱۴۰۳).

۳. **برون‌ریزی و تخلیهٔ هیجانی:** ویژگی مشترک بالقوهٔ دیگری که در بیشتر فنون روان‌درمانی وجود دارد، فراهم کردن فرصتی برای برون‌ریزی تخلیهٔ هیجانی است. در اغلب رویکردهای روان‌درمانی، به مراجع اجازه داده می‌شود تا دربارهٔ مسائل خود صحبت کند تا با بیان رویدادهای زندگی خود و نیز ابراز احساسات دربارهٔ این مشکلات، هیجانات سرکوب‌شدهٔ خود را بروز دهد. فراهم کردن فرصتی برای تخلیهٔ فرد از زیر بار فشار روانیِ ناشی از مشکلات و احساسات برآمده از آن، گاه برای برخی مراجعین اثر درمانی دارد (جوهری فرد، ۱۴۰۳).

۴. **افزایش هشیاری:** هرچند به‌صورت سنّتی، هشیاری‌افزایی و بینشمند کردن مراجع در رویکرد تحلیلی صورت می‌گرفت، اما بررسی بیشتر رویکردها و فنون روان‌درمانی نشان می‌دهد ارائهٔ اطلاعات، بازخوردها و آموزش‌های مختلف، حتی در رویکردهای رفتاری و شناختی، بینش و هشیاری مراجع را نسبت به خود، مسئله و به‌طورکلی زندگی‌اش افزایش می‌دهد (جوهری فرد، ۱۴۰۳).

۵. **تقویت اعتمادبه‌نفس[1] و کارایی شخصی[2]:** اغلب، اعتمادی که افراد به توانمندی‌های درونی خود دارند باعث می‌شود بتوانند مسائل درونی و بین‌فردی خود را حل کنند. بنابراین، اگر درمانگر کمک کند اعتماد به نفس و کارایی شخصی فرد بازیابی و تقویت شود، خود مراجع می‌تواند با تکیه بر این احساس شایستگی، به پیشرفت درمان کمک کند (جوهری فرد، ۱۴۰۳).

۶. **همانندسازی و الگوبرداری مراجع از درمانگر:** یک ضرب‌المثل قدیمی می‌گوید: «گر اگر طبیب بودی، سر خود دوا نمودی!». اغلب مراجعان هنگامی‌که درمانگر فن یا توصیه‌های خود را ارائه می‌کند، به ظاهر و رفتار او به‌دقت توجه می‌کنند تا دریابند آیا درمانگر خود چنین توصیه‌هایی را برای خودش به‌کار بسته است؟ برای مثال وقتی درمانگر فن آرام‌سازی را آموزش می‌دهد، مراجع درمانگر را زیر نظر می‌گیرد که آیا در وضعیتی آرام (ریلکس) قرار دارد و یا بی‌قرار است.

1- Self-esteem
2- Self-efficacy

البته، برخی مراجعان به‌ویژه هنگامی‌که رابطهٔ درمانی قوی باشد، راه افراط در پیش‌گرفته به‌شدت به تقلید از رفتارها و گفتار درمانگر می‌پردازند. حتی تکیه‌کلام‌های او را تکرار می‌کنند. به این جهت، به درمانگران تازه‌کار توصیه می‌شود پیش از ارائهٔ هر فنی به مراجعان، آن را بارها برای خود اجرا کنند. به این ترتیب، هم به ارتقاء سلامت خود کمک نموده‌اند و هم الگویی مناسب برای مراجع خواهند بود (جوهری فرد، ۱۴۰۳).

۷. **آموزش و تقویت پاسخ‌های انطباقی و سازگارانه:** اگر یکی از شاخص‌های سلامت روان را سازگاری با شرایط بیرونی بدانیم، هدف بیشتر فنون روان‌درمانی، آموزش و تقویت رفتارها و مهارت‌های سازگارانه و کاهش رفتارهای غیرانطباقی است. مهارت‌هایی چون ابراز وجود، آرام‌سازی، حل مسئله و خودمراقبتی از این جمله هستند (جوهری فرد، ۱۴۰۳).

۸. **تلقین (القاء):** همان‌طور که دارونما (پلاسیبو) در فرآیند شفابخشی داروهای شیمیایی موثر است، این نکته در روان‌درمانی، که در آن رابطهٔ درمانیِ قوی‌تری بین درمانگر و مراجع برقرار می‌شود، بیشتر به چشم می‌خورد. مراجع پس از پایان یک جلسهٔ درمانی، احساس بهبودی و آرامش بیشتری داشته و حتی انتظار حل مشکلاتش را در خود تقویت می‌کند و این مسئله ربطی به نوع روش یا فن روان‌درمانی ندارد. تجارب بالینی نشان می‌دهد، تلقین همبستگی قوی با رابطهٔ درمانی دارد (جوهری فرد، ۱۴۰۳).

علاوه بر عوامل بالا، بسیاری دیگر از پژوهشگران و مؤلفین روان‌درمانی، هم‌چون پروچسکا، نورکراس، کوری و غیره، عوامل مشترک یا غیراختصاصی دیگری را در نظام‌های روان‌درمانی آورده‌اند و در این جا، به نمونه دیگری از این عوامل مشترک اشاره می‌کنیم:

در پژوهشی، میلر و سانچز (۱۹۹۴) از بررسی فنون مختلف روان‌درمانی، شش عامل اثربخش زیر را شناسایی کرده‌اند:

۱. بازخورد feedbackدادن به مراجع؛
۲. تأکید بر مسئولیت responsibility شخصی؛
۳. توصیه advice مستقیم؛
۴. ارائهٔ فهرستی menu از روش‌ها و فنون؛
۵. هم‌دلی empathy؛
۶. تقویت کارایی شخصی self-efficacy.

از ترکیب سرواژه‌های لاتین عوامل بالا، اصطلاح FRAMES به دست می‌آید.

فصل دوم
روان درمانگر کیست؟

روان درمانگر کیست؟

«درمانگر به عنوان دارو[1]» جمله معروفی در مداخلات بالینی پزشکی و درمانی است و به معنای اهمیت جایگاه و شخصیت درمانگر در فرآیند درمانگری است. درمان صرفاً ارائه چندین فن درمانی نیست، بلکه یک بافتار ارتباطی، معناشناختی و پویا از شخصیت درمانگر و مراجع است. به همین دلیل، فارغ از هر نوع درمانی، شخصیت و رفتار درمانگر بر روی فرآیندهای درمانی اثرگذار است.

شخصیت درمانگر

شخصیت روان‌درمانگر، مجموعه‌ای از ویژگی‌های نسبتاً پایدار درونی اوست که می‌تواند به شکل مثبت یا منفی بر بافتاردرمانی و نتایج درمان تأثیر بگذارد. ادبیات علمی در دهه‌های اخیر نشان داده است که فارغ از رویکرد درمانی (شناختی، تحلیلی، وجودی، رفتارگرای و ...)، خصوصیات شخصیتی درمانگر نقش تعیین کننده‌ای در کیفیت فرایند درمان دارد.

1- Doctor as a drug

بر اساس الگوی پنج عاملی شخصیت NEO، این پنج بعد تأثیر زیادی بر کار درمانگر دارند:

- برونگرایی (Extraversion): توانایی ارتباط مؤثر با مراجع، ابراز وجود و علاقه اجتماعی.
- توافق‌پذیری (Agreeableness): ویژگی‌هایی همچون همدلی، مهربانی و انعطاف پذیری.
- با وجدان بودن (Conscientiousness): وظیفه‌شناسی و تعهد و حفظ مرزهای حرفه‌ای.
- ثبات هیجانی (Neuroticism): توانایی تحمل استرس و حفظ آرامش در جلسات سخت
- گشودگی به تجربه (Openness): پذیرش تفاوت‌ها، خلاقیت، و گشودگی نسبت به روش‌های درمانی مختلف.

همچنین، مطالعات دیگری نشان داده است که عوامل زیر در فرآیند روان درمانی تاثیرگذار است:

- خودآگاهی (Self-awareness) آگاهی از تاریخچه فردی و سوگیری‌های شخصی.
- توانایی درون‌نگری (Reflective Functioning) تحلیل هیجانات خود و مراجع.
- همدلی (Empathy) مهم‌ترین پیش بینی کننده اتحاد درمانی.
- شفقت به خود (Self-compassion) افزایش انعطاف‌پذیری و کاهش فرسودگی (نورکراس و گلدفرید، ۲۰۰۵؛ الیوت و همکاران، ۲۰۱۱؛ گرمر، ۲۰۱۳).

عوامل مشترک در روان درمانگران

پژوهش‌ها نشان می‌دهد ورای محتواهای مختلف روان درمانی، عوامل مشترکی بین درمانگران حرفه‌ای وجود دارد که اثربخشی فنون درمانی را افزایش می‌دهند. این عوامل شامل:

۱. **گوش دادن Listening:** به جرأت می‌توان گفت که یکی از مهم‌ترین فعالیت‌های روان‌درمانگر گوش‌دادن است. وی باید به‌عنوان یک شنوندۀ حرفه‌ای مهارت‌های این کار را بداند[1].

۱- جهت کسب اطلاعات بیشتر کتاب «فنون روان درمانی بر مبنای رویکردها و روش‌ها» تالیف رضا جوهری فرد را مطالعه فرمایید.

گوش دادن در روان‌درمانی فرایندی فعال است و با دیگر فعالیت‌های روان‌درمانگر پیوند خورده است. درمانگر به هنگام گوش دادن فعال، گفته‌های مراجع را ارزیابی می‌کند، رفتارش را مشاهده می‌کند، تصمیم می‌گیرد که اکنون از مراجع پرسش کند یا این‌که پرسش‌هایش را به تأخیر اندازد، توصیه‌ها، تفسیرها و پیشنهاداتی ارائه می‌دهد و حتی ممکن است کانون تعامل را تغییر دهد. هم‌چنین درمانگر باید دربارهٔ هر نکته‌ای از طرف مراجع که در مورد چگونگی درمان و یا دربارهٔ خویش می‌گوید، دقیق باشد تا بتواند در زمان لازم مداخله کند. بنابراین، گوش دادن یک فعالیت ساده نیست و نیازمند آموزش، مهارت‌آموزی و تمرین است. بهترین تمرین، مرور جلسات ضبط شده زیر نظر و نظارت مقطعی متخصص روان‌درمانی است. با این روش، شما به تعداد دفعاتی که باید پاسخ می‌دادید یا سکوت می‌کردید، پی برده و درمی‌یابید که چه موقع کلام شما، جریان صحبت مراجع را دربارهٔ موضوع‌های مهم قطع کرده، یا چه‌وقت اظهارات و توصیه‌های شما، پاسخ واقعی به گفته‌های مراجع نبوده است (جوهری فرد، ۱۴۰۳).

۲. **انعکاس Reflection**: نوع دیگری از واکنش روان‌درمانگر که درمانگران شخص-محور بررسی کرده و بر آن تأکید دارند، انعکاس است. این پدیده به توانایی درمانگر در انعکاس نگرش‌های مراجع در یک فضای توأم با هم‌دلی گفته می‌شود (راجرز، ۱۳۸۲) و بستگی زیادی به مهارت گوش کردن دارد، زیرا انعکاس مؤثر و درست هنگامی رخ می‌دهد که درمانگر، مراجع را درک کرده باشد.

انعکاس، نمودی از پاسخ هم‌دلانه یا توانایی درمانگر برای بازتاب احساسات بیان شده مراجع و برقراری ارتباط با او است. راجرز (۱۳۸۲) در تأکید بر اهمیت پاسخ هم‌دلانه درمانگر در فرایند درمان به فرمول‌بندی زیر اشاره می‌کند:

بر اساس این فرمول‌بندی درمانگر وظیفه دارد در حد توان و براساس «چارچوب داوری درونیِ» internal frame of reference مراجع، دنیا را آن‌گونه که او می‌نگرد

درک کند... همهٔ ادراکات ناشی از «چارچوب داوری بیرونی» را هنگام کار با مراجع کنار نهد و مواردی از فهم هم‌دلانه را به مراجع انتقال دهد.

گاه، مهارت انعکاس را «حساسیت متخصص بالینی» دانسته‌اند و درصورتی‌که از آن به‌صورت طبیعی و صمیمانه (و نه به‌شکلی مصنوعی و بیش از حد) استفاده شود، می‌تواند به‌ویژه در جلسات نخست، به تسهیل پیدایش اتحاد درمانی therapeutic alliance کمک کند.

مهارتهای گوش کردن انعکاسی به چهار گونهٔ زیر تقسیم می‌شود:

۱. **توضیح:** پاسخی موجز و کوتاه به گوینده است که اصل منظور او را از زبان شنونده بیان می‌کند.

۲. **انعکاس احساسات:** این است که هیجان‌ها و احساسات مطرح شده توسط گوینده با جمله‌هایی کوتاه به خود او برگردانده شود. برای بهبود مهارت‌های انعکاسی احساسات، چهار مهارت زیر را می‌توانید به کار برید.

۲-۱. تمرکز بر کلمات احساسی؛
۲-۲. توجه به محتوای کلی پیام؛
۲-۳. مشاهدهٔ زبان بدن؛
۲-۴. پرسیدن این پرسش از خود که اگر من چنین وضعیتی را تجربه می‌کردم چه احساسی داشتم.

۳. **انعکاس معانی:** زمانی که احساسات و حقایق در پاسخی کوتاه به‌یکدیگر پیوند می‌خورند، انعکاس معنا حاصل می‌آید. به قول رابرت کارکوف، عملی کردن آنچه در ذهن داریم آسانتر از عملی کردن چیزهایی است که فقط در قلبمان احساس می‌کنیم. وقتی به معنا و منظور گوینده یعنی احساساتی که او را تهیج می‌کنند یا برمی‌انگیزد و نیز مضمونی که احساس با آن همراه می‌شود پاسخ می‌دهیم، گوش کردن ما بیشترین کارایی ممکن را دربرخواهد

داشت. زمانی که فردی می‌داند احساس و محتوا را چگونه به‌شکلی مجزا منعکس کند، ساده‌تر از آن است که هر دو را در انعکاس معنا جای دهد. در هنگام یادگیری نخستین انعکاس معنا، کاربرد فرمول زیر مفید خواهد بود:

«تو احساسِ.......... می‌کنی، چون..........»، برای مثال: تو احساس خوشحالی می‌کنی، چون اوضاع زندگی‌ات از هر نظر رو به راه است.

۴. **انعکاس تلخیصی:** انعکاس تلخیصی، تکرار مختصر و کوتاه موضوع‌های اصلی و احساساتی است که گوینده در بخشی طولانی از گفت‌وگو مطرح کرده است و در نتیجه، نمی‌توان آن را توسط یکی از مهارت‌های مطرح شدهٔ پیشین منعکس کرد. با کمک این مهارت می‌توان برخی از صحبت‌های اخیر را مرتبط ساخت و احساسات یا مسائل را از طریق بازگویی موجز آن‌ها واضحتر و روشنتر بیان کرد.

۳. **توانایی حل مسئله:** از آنجا که به طور معمول، هر مراجع با مسئله‌ای وارد اتاق درمانی می‌شود، توانایی درمانگر در شناسایی مسئله اصلی و ارائه راهکارهایی برای برون رفت از آن مسئله را باید به عنوان یکی از ویژگی‌های روان‌درمانگران حرفه‌ای دانست (جوهری فرد، ۱۴۰۳).

۴. **پیشنهاد دادن Suggestion:** در کنار توانایی حل مسئله و در جریان درمان، درمانگر پیشنهاداتی را به مراجع خود می‌دهد. این پیشنهادها در گذشته مورد توجه رفتار درمانگرانِ رهنمودی بوده‌اند و امروزه در قالب تکالیف خانگی در روان‌درمانی‌های شناختی-رفتاری مشاهده می‌شود، اما، درمانگران روان‌تحلیلی و روان‌درمانگرانِ شخص-محور کمتر به آن توجه دارند.

پیشنهادها را می‌توان به‌گونه‌های مختلفی مطرح کرد. برای مثال برخی از پیشنهادها به‌شیوه‌ای آمرانه و والدانه شبیه دستورات نظامی بیان می‌شود. کاربرد این شیوه، نه تنها منجر به تقویت احساس ضعف و ناتوانی در مراجع می‌شود، بلکه با توجه به

ماهیت قضاوتی پیشنهاد (که خوب و بد و امر و نهی و نظایر آن را توصیه می‌کند) می‌تواند برای یک متخصص بالینی که باید موضعی بی‌طرف داشته باشد، یک نقطه‌ضعف به‌حساب آید.

برخی دیگر از پیشنهادها، در یک سبک به اصطلاح سقراطی ارائه می‌شود تا تأمل فرد را بالا ببرد. برای نمونه: «بهتر نیست این کار را آزمون کنید.» (به جای جملات دستوری: این کار را انجام بده!). و یا «آیا فکر می‌کنید، تنظیم برنامه‌ای برای فعالیت‌های خانگی‌تان، ایده‌ی جالبی است؟» و به این ترتیب، ضمن ارائهٔ پیشنهاد، مراجع را به تأمل و همکاری در این پیشنهاد دعوت می‌کند. این شیوهٔ برخورد می‌تواند گونه‌ای ارتباط بالغ-بالغ به‌حساب آید.

۴. **تبیین Explanation و تفسیرInterpretation:** اغلب درمانگران بارها هنگام برخورد اولیه با مراجع، سردرگمی و بی‌نظمی‌های رفتاری، شناختی و هیجانی او را مشاهده کرده‌اند و شاید به‌همین دلیل، مراجعان اصرار زیادی برای فهمیدن چرایی و تبیین مشکل خود دارند. در این زمان، مهارت تبیین و تفسیر درمانگر می‌تواند به‌گونه‌ای مؤثر و مناسب باعث سامان دهی و روشن‌گری ذهن مراجع شود.

به‌طور سنتی، مهارت‌های تبیین و تفسیر در رویکردهای روان‌کاوی و تحلیلی استفاده می‌شد که در فصل روان‌کاوی می‌توانید جزئیات آن را مطالعه کنید.

توجه به این نکته به چند دلیل اهمیت دارد: مراجع ممکن است به هنگام ورود به جلسهٔ درمان انتظارات غیرواقع‌بینانه یا ناسازگار با نوع درمان انتخابی داشته باشد. از این رو، درمانگر بهتر است مراجع را از نقش خود در درمان و اهمیت همکاری و توافق وی آگاه سازد.

۵. **آموزش مراجع:** به‌طور معمول در درمان‌های روانی- آموزشی Psychoeduca-tion مانند درمان شناختی-رفتاری ارائهٔ اطلاعات و آموزش مراجع وجود دارد. آموزش‌ها و ارائه اطلاعات باید در جهت اهداف درمانی و به‌منظور روشن شدن مسیر درمان باشد و از دادن اطلاعات غیرضروری و پراکنده خودداری

شود. هم‌چنین، اگر درمانگر با بیانی ساده مسئله مراجع را از جنبه‌های روان‌شناختی توصیف کند، این آگاهی ضمن کاهش اضطراب مراجع، سهم و نقش وی را در فرایند درمان به‌گونه‌ای فعالانه تقویت می‌کند. در .اقع آموزش باید مسیر درمان را تسهیل کند، در غیر اینصورت بیان اطلاعات و آموزش‌هایی که تمرکز مراجع را از مسیر اصلی منحرف می‌کند، توصیه نمی‌شود.

۶. **مواجهه Confrontation:** همه رویکردهای درمانی معتقدند، رویارویی با خود/گذشته/تروما/ناهشیار/موقعیت اضطراب زا و ... ، نسبت به اجتناب/انکار/سرکوب/بیان نکردن و ... اثرات درمانی بالاتری دارد. روان‌درمانگران باید از این مهارت با حساسیت و هوشمندی استفاده کنند. این کار، مستلزم برقراری رابطهٔ درمانی توأم با اعتماد و اطمینان به مراجع است. در غیر این‌صورت، مراجع ممکن است مواجهه را گونه‌ای حمله قلمداد کرده، آشفته شود و حتی جلسهٔ درمان را ترک کند. به عبارت دیگر، ابتدا رابطه درمانی و زمینه سازی برای اعتماد و امنیت روانی باید ایجاد شود و سپس فرد را به مواجهه دعوت نمود.

۷. **اطمینان‌دهی Reassurance:** این مهارت، هم‌چون سایر مهارت‌ها، نیازمند هشیاری درمانگر در زمان به‌کارگیری آن است، در غیر این‌صورت، معمولاً تأثیری اندک خواهد داشت.

عبارت‌های اطمینان‌بخش درمانگر باید به مسئلهٔ عمده و تجارب بحرانی مراجع در زندگی مربوط باشد. نکتهٔ قابل‌توجه این است که درمانگر در این کار، نباید اطمینان‌های دروغین و بی‌پایه و اساس (به‌ویژه از لحاظ علمی) را صرفاً برای خوشایند مراجع یا اطرافیان وی به‌کار برد.

۸. **خودافشاگری Self-disclosure:** در اغلب موقعیت‌های بالینی، مواردی پیش می‌آید که با موقعیت زندگی درمانگر مشابهت دارد. پرسشی که در اینجا مطرح می‌شود آن است که آیا روان‌درمانگران اجازه خودافشاگری و بیان تجربه‌ها و رازهای زندگی خود را دارند؟

پاسخ به این پرسش بستگی زیادی به ویژگی‌های شخصیتی درمانگر، نوع مشکل و نظایر آن دارد. اما، برخی از منابع خودافشاگری درمانگر را مورد تأکید قرار داده‌اند (برای مثال جوارد، ۱۹۷۱؛ گارفیلد، ۱۳۷۵).

هرچند، خودافشاگری درمانگر، می‌تواند نشانهٔ علاقه‌مندی وی به زندگی مراجع باشد، اما این خطر نیز وجود دارد که شاید تجربهٔ شخصی درمانگر برای مراجع بی‌فایده و حتی خطرناک باشد (با توجه به تفاوت‌های شخصیتی آن‌ها) و دیگر آنکه، از نظر مراجع، گونه‌ای ابراز وجود افراطی درمانگر به‌حساب آید. بنابراین، درمانگران باید هم‌چون سایر مهارت‌های یاد شده، در استفاده از این فن، دقیق و هشیار باشند (جوهری فرد، ۱۴۰۳).

۹. **ایفای نقش Role playing:** اغلب درمانگران در برخورد با مراجعان مختلف این نکته را تجربه کرده‌اند که برای بیان و یا آموزش مراجع خود ناچارند برخی از فنون و یا برخی مهارت‌ها (همچون مهارت‌های اجتماعی یا ابراز وجود) و گاه در روان‌درمانی‌های خانواده، چگونگی برخورد همسران با یکدیگر را به‌گونه‌ای عملی، نقش بازی کنند. برای این منظور روان‌درمانگران، نیازمند کسب مهارت‌ها و فنون ایفای نقش هستند.

۱۰. **پرسشگری Questioning:** معمولاً پرسشگری درمانگران در جلسات نخستین، بیشتر از جلسات بعدی است. قاعدهٔ کلی این است که درمانگر در صورت ناکافی بودن اطلاعات دربارهٔ هر موضوعی، پرسش‌هایی از مراجع خود بپرسد. در جلسات نخست، بهتر است از پرسش‌هایی بازپاسخ و کلی شروع کرد و سپس دامنه پرسش‌ها را محدودتر و به‌گونه‌ای بسته‌پاسخ پرسش کرد.

در رویکردهای سیستمی، هدف از طرح پرسش، فقط کسب اطلاعات نیست، بلکه هم‌زمان می‌توان در خَلق اطلاعات نیز سهیم بود و به عبارت دیگر، در این رویکردها، پرسش‌گری خود یک نوع مداخله درمانی به حساب می‌آید. همچون پرسش چرخشی، پرسش افتراقی و ... .

۱۱. **تکلیف خانگی:** استفاده از تکلیف خانگی، از فنون مورد تأکید رویکردهای شناختی-رفتاری است. با وجود این، امروزه مفید بودن آن در بیشتر رویکردهای روان‌درمانی شناخته شده است.

برای مثال اگر فردی دچار نوعی از اضطراب باشد و درمانگر یک روش آرام‌سازی را به وی بیاموزد، درمان واقعی وی هنگامی‌رخ می‌دهد که فرد، این فن را به دفعات و در بستر زندگی روزمرهٔ خود و به‌طورکلی در موقعیت واقعی تجربه کند. توجه به این امر، نکات قابل تأملی را دربردارد: نخست آنکه، مراجع در فرایند روان‌درمانی و شفابخشی خود، نقشی فعال و مسئولانه خواهد داشت. دوم آنکه، مراجع جایگاه آن فن یا مهارت را در زندگی روزمره خود خواهد یافت و این فن را به‌عنوان یک عامل مزاحم و اضافی در زندگی خود قلمداد نخواهد کرد و سوم آنکه، درمانگر با بررسی این تکالیف در جلسات آتی، می‌تواند روند بهبودی را ارزیابی کند.

از دیگر نکات قابل توجه در به‌کارگیری این فن آن است که روان‌درمانگران باید تکلیفی متناسب با مسئله، ویژگی‌های شخصیتی، رفتاری، شناختی، سبک زندگی و توانمندی‌های مراجع، به وی ارائه دهند (جوهری فرد، ۱۴۰۳).

فصل سوم

خودورزی: روان درمانی سیستم اندیش

خودورزی: روان درمانی سیستم اندیش

آندریاس فیتزر و راینر شوینگ[1] در کتاب «مشاوره و روان‌درمانی سیستمی» معتقدند، آینده روان‌درمانی در ترکیب درمان‌هاست، اما، نه ترکیبی همچون گولاش (آش گوشت) بلکه، چیدمانی سامان‌یافته و آگاهانه از رویکردها و روش‌ها همچون شیشلیک!

الگوی نظری فنون روان‌درمانی بر مبنای رویکردها و روش‌ها، شیوه‌ای برای چیدمان آگاهانه و منظم درمان‌هاست. اما، برای آنکه یک درمانگر بتواند هنرمندانه این رویکردها و روش‌ها را در کنار یکدیگر بچیند، من الگوی «مثلث روان‌درمانی سیستم اندیش» (جوهری‌فرد، ۲۰۱۷؛ ۱۴۰۳) را معرفی نموده‌ام. این الگو از سه بعد زیر تشکیل شده است:

۱. رویکردهای مبتنی بر فهم Knowing

در این رویکردها، از گونه‌های مختلف تحلیلی، پویشی، سیستمی و نظیر آن برای درک بهتر علت‌شناسی و فهم مسئله و نشانه‌های بیماری استفاده

1- Andreas Fryszer / Rainer Schwing

می‌شود. در این رویکردها، می‌خواهیم مسیر بالینی‌درمان را هم به صورت افقی و هم عمودی (در عمق) بررسی کنیم تا درمانگر نشانه‌ها و اختلالات را تک‌عاملی در نظر نگیرد، بلکه نگاهی عمیق‌تر به آن‌ها پیدا کند، و همچنین، آگاهی و ادارک مراجع، جلسه به جلسه پخته‌تر Maturate و بالغ‌تر شود.

۲. رویکردهای مبتنی بر کنش Doing

در این رویکردها به کنش‌ها، ابزارها و فنون درمانی پرداخته می‌شود.. فنونی که هر روز بر تعداد آن‌ها افزوده می‌شود و شامل صدها روش و فن آرام‌سازی، هیپنوتراپی، فن رفتاری، شناختی، اکت و نظیر آن است. امروزه، درمانگری که این فنون را نداند به معنی واقعی کلمه از «قافله عقب است» و به عبارتی روشن‌تر، از جامعه عمل‌گرای (پراگماتیک) درمانگران به دور است.

۳. رویکردهای مبتنی بر حضور Being

در این رویکردها درمانگر، شنونده‌ای همدل و همراه مراجع است و «حضور» و «بودن» اصیل درمانگر در جلسهٔ درمان اهمیت دارد. در نظریهٔ راجرز، تجربهٔ حضور به‌معنای «در اینجا و اکنون بودن» درمانگر به‌شیوه‌ای «ذهن-آگاهانه» در جلسهٔ درمان است. بسیاری از رویکردهای وجودی و انسان‌گرایی به بُعد بودن پرداخته‌اند.

جدول زیر خلاصه‌ای از فنون روان‌درمانی بر مبنای رویکردها و روش‌ها و با نگاهی سیستم‌اندیش را نشان می‌دهد. محتوای این جدول شامل همه درمانگران مشهور این رویکردهاست، که به دلیل حجم بالای اسامی، به چند نام آشنا بسنده کرده‌ایم.

جدول ۳-۱. خلاصه‌ای از فنون روان‌درمانی بر مبنای رویکردها و روش‌ها و با نگاهی سیستم‌اندیش

رویکردها / روش‌ها	رویکردهای مبتنی بر فن و کنش (Doing)			رویکردهای مبتنی بر تحلیل و فهم (Knowing)		رویکردهای مبتنی بر حضور (Being)		
	نسل اول رفتاری	نسل دوم رفتاری	نسل سوم رفتاری	تحلیل فردی	تحلیل سیستمی	انسان گرایی	درمان وجودی/ واقعیت درمانی	درمان فرافردی
روش‌های فردی	اسکینر ولپه	الیس بک	کابات زین هیز	فروید اریک برن مالان	سلوینی- پالانزولی چچن	راجرز	رولو می گلاسر	آساگیولی رووان
گروه درمانی	گروه‌ای رفتاری شناختی/ اکت			گروه درمانی تحلیلی خانوادگی		گروه‌های رویارویی/ وجودی معنادرمانی		
خانواده درمانی	پتوسون/استوارت/لیبرمن			آکرمن/فریمو/شارف نگی		خانواده درمانی ستیز نمادین وایتکر		
هنر درمانی	هنر درمانی رفتاری - شناختی			هنر درمانی همچون نقاشی/ قصه تحلیلی و خانوادگی		هنر درمانی انسان‌گرا		
بازی درمانی	بازی درمانی شناختی - رفتاری			تحلیل فردی یا خانواده با بازی/ شن/ عروسک/ تخته خانواده		بازی درمانی کودک محور اکسلاین		
روش‌های ذهن بدن	هیپنوتراپی شناختی آرام‌سازی			هیپنوآنالیز		مراقبه متعالی یوگا		

جدول از جوهری‌فرد، ۱۴۰۳

خودورزی، یک برنامه آموزشی درمانی است که بر اساس اصول روان درمانی سیستم‌اندیش تحت تاثیر رویکردهای مشهور روان‌شناسی و روان‌درمانی دنیا، از جمله روان‌کاوی، تحلیل تبادل، طرحواره‌درمانی، شخص‌محور راجرز، درمان مبتنی بر پذیرش و پایبندی و نظیر آن شکل گرفته است، اما، مفروضه‌هایی کاملاً فرهنگی، بومی و برخاسته از سبک زندگی ایرانی دارد (جوهری فرد، ۱۴۰۳؛ ۲۰۲۵).

اصطلاح خودورزی از دو بخش «خود» (self) و «ورزی» (working) ساخته شده است. ورزیدن در اینجا به معنای کار کردن و تمرین است؛ در واقع، خودورزی یک نوع کار است که دارای چهار ویژگی، هشیارانه، بالغانه، مسئولانه و خلاقانه است. پس خودورزی، شامل کارکردن با شخصیت به شیوه‌ای هشیارانه، بالغانه، مسئولانه و خلاقانه است. این چهار ویژگی در بخش سوم و نهایی خودورزی به تفصیل کار می‌شود، اما از همان نخستین تمرینات مدنظر درمانگر است. برای مثال وقتی می‌گوییم، تن‌ورزی، یعنی کار با بدن به شیوه‌ای هشیارانه، بالغانه، مسئولانه و خلاقانه. و منظور از هیجان‌ورزی، یعنی کار با هیجان به شیوه‌ای هشیارانه، بالغانه، مسئولانه و خلاقانه و به همین ترتیب، هر جای دیگر کلمه ورزیدن بیاید چنین معنایی دارد (جوهری فرد، ۱۴۰۳؛ ۲۰۲۵).

فصل چهارم
مبانی نظری خودورزی

مبانی نظری خودورزی

هر چند خودورزی یک برنامه آموزشی درمانی است، اما هر برنامه کاربردی باید مبانی نظری و مفروضه‌های تئوریک قوی داشته باشد، تا بر اساس آن‌ها فنون آموزشی و درمانی به درستی شکل بگیرد. در این فصل مفروضه‌های بنیادین و اصول نظری خودورزی را معرفی می‌کنیم.

مفروضه‌های خودورزی

مفروضه نخست: زندگی یک مسیر (طریقت) است که از یک مبداء (گذشته) شروع می‌شود و به سوی یک مقصد (آینده) در حرکت است.

این مفروضه کاملاً برخاسته از فرهنگ شرقی و ایرانی است که ریشه در ادبیات و عرفان کهن ما دارد. در بسیاری از آثار گذشتگان شیوه طریقت مداری و پویایی در مسیر زندگی را می‌توان دریافت:

شریعت پوست، مغز آمد حقیقت   میان این و آن باشد طریقت

(شبستری)

این مفروضه با نظریه‌های وجودی، انسان‌گرایی، روایت‌درمانی، پذیرش و پایبندی هم‌راستاست. در این رویکردها، گذشته، حال و آینده، ابعاد کلیدی تجربه انسانی هستند که در بازسازی شخصیت و زندگی نقش دارند.

مفروضه دوم: انسان سالم (بهنجار) از مسیر زندگی خود آگاه است و آگاهانه در این مسیر گام بر می‌دارد و مسئولیت گام‌های خود را می‌پذیرد.

این مفروضه بر اساس نظریه‌های مبتنی بربهشیاری (Mindfulness)، درمان مبتنی بر پذیرش و پایبندی (ACT) و رفتاردرمانی دیالکتیکی (DBT) قابل بررسی است. در این رویکردها روی هشیارانه زیستن تأکید می‌شود.

مفروضه سوم: سلامت روان یعنی زیستن هشیارانه، بالغانه، مسئولانه و خلاقانه در زندگی.

این مفروضه ایده‌ای جامع در مورد زیستن انسان با چهار کنش خودورزانه نشان می‌دهد و با بسیاری از رویکردهای روان شناسی و روان درمانی همچون مفاهیم رشد اخلاقی کلبرگ، بلوغ هیجانی، نظریه تحلیل تبادل اریک برن، تئوری انتخاب کلاسر، نظریه‌های هنردرمانی و نظیر آن‌ها مرتبط است.

مفروضه چهارم: انسان نابهنجار، مسیر مشخصی در زندگی نداشته و احساس سردرگمی و بیهودگی در زندگی دارد.

این مفروضه با دیدگاه‌های روان‌پویشی هم‌راستاست. در این نظریه‌ها، ناهشیاری به عنوان منبع تعارض، اجتناب و رفتارهای ناسازگار دیده می‌شود. فروید، یونگ و دیگران تأکید داشتند که رشد شخصیت مستلزم مواجهه با محتوای ناهشیار و حرکت به‌سوی خودآگاهی است. پژوهش‌ها نشان داده‌اند که ناهشیاری می‌تواند منجر به تصمیم‌گیری‌های تکانشی، ضعف در برنامه‌ریزی و کاهش کنترل هیجانی شود.

این مفروضه همچنین با رویکردهای وجودی، معناشناختی، انسان‌گرایی هم راستاست.

مفروضه پنجم: بهبودی، یک فرآیند پویا است، نه یک هدف ایستا و ثابت؛ سلامت روان، در روان بودن آن است.

این مفروضه بر پویایی رشد روانی و فرآیند محور بودن سلامت روان تأکید دارد، و با الگوهای جدید روان‌شناسی مانند، روان‌شناسی مثبت‌گرا، درمان پذیرش و پایبندی و روان‌شناسی‌های تحولی هم راستاست.

سلامت روان همچون سلامت بدن، نیازمند ورزش مداوم در گستره عمر است نه در یک زمان خاص، و خودورزی، نوعی ورزش دادن مداوم شخصیت است (جوهری فرد، ۱۴۰۳).

مفروضه ششم: در خودورزی، مسیر درمان به‌جای درمان نشانه‌های آسیب، تمرکز بر بازسازی خود و مسیر زندگی دارد.

این مفروضه با جهت‌گیری‌های جدیدی مثل روان‌شناسی مثبت‌گرا، درمان‌های توانمندساز (Empowerment-Oriented Therapies) و مدل‌های آینده‌نگر در روان‌درمانی (Future-Directed Therapy) سازگار است (جوهری فرد، ۱۴۰۳).

مفهوم شناسی خودورزی

همان طور که در مفروضه‌های خودورزی اشاره شد، آسیب روانی از دیدگاه خودورزی حاصل سردرگمی در شناخت مسیر زندگی خود است. به نظر من، این سردرگمی در مسیر زندگی، از ادراک نادرست (Misperception) از مفهوم خود (Self-concept)، خود واقعی (Real self)، خود آرمانی (Ideal self)، نقاط قوت و ضعف، توانمندی‌ها و حتی عدم درک درست از شرایط بیرونی و فرصت‌ها، آغاز می‌شود و سنگ بنای بسیاری از تصمیم‌های نادرست بعدی را بنا می‌نهد. برای آنکه فردی در مسیر سلامت روان گام بردارد، سه مرحله خودورزی باید انجام شود (جوهری فرد، ۱۴۰۳؛ ۲۰۲۵):

۱) **بر این بودگی:** من این واژه را از سه بخش «بر» «این» و «بودن» ساخته‌ام. «بر» اشاره به نگرش بهشیارانه Mind fullness و آگاهی برین (به گفته هایدگر ادراک استعلایی) فرد بر خود است. (بر) نگاهی آگاهانه، کل‌نگر، بی‌قضاوت و پویا دارد، در مقابل، (در) خود بودن، که نگاهی اوتیستیک (درخودمانده)، بی‌اراده و ناآگاهانه نسبت به خویشتن است.

منظور از (این)، اشاره به آنچه اینجا / اکنون است. خود، آنچنان که «هست»؛ نه آنچنان که «باید» باشد. درواقع، دلیل بسیاری از نرسیدن‌ها و «نشدن‌ها» عدم درک و پذیرش شرایط «این» وزندگی در توهمات و خیالات «آن» است؛ آنی که هنوز به دست نیامده و فقط در ذهن ماست. بنابراین، بر این بودن، ما را دعوت به شناخت خود آنچنان که هستیم می‌کند. ترکیب «بر این بودگی» به معنای هشیارانه به شناخت و پذیرش شرایط اینی خود پرداختن.

۲) **به آن شدگی:** این ترکیب نیز، از سه بخش «به»، «آن»، «شدن» ساخته شده است. «به» در ادبیات فارسی به معنای «به طرف» و «به سوی» است و در اینجا، منظور، به سوی آن شدن است که جهت نگاه و مسیر زندگی فرد را نشان می‌دهد. «آن» در برابر «این» (که در بخش پیشین توضیح داده شد)، اشاره به ایده‌آل‌ها، ارزش‌ها و اهداف فرد در زندگی دارد؛ آنچه باید آفریده شود و به سویش حرکت کرد، انسان بدون آفرینش آن‌ها، انسانی است که درجا می‌زند؛ منفعل است و گویی سردرگم. این مرحله درمان برای بسیاری از افراد جذاب است، زیرا؛ معنای زندگی خود را می‌یابند و می‌فهمند که به کدام سوی زندگی می‌کند و واژه «شدن» در برابر «بودن» تأکید بر رخ دادن تدریجی تحول است و میل، خواست و سازش فرد به «آن» را نشان می‌دهد. بنابراین «به آن شدگی» به معنای آفرینش «آن» و به سویش میل داشتن است.

۳) **تم زندگی:** اصطلاح «تم» میراث سال‌های است که من در دنیای هنر، و به‌ویژه موسیقی کار کردم. تم در هنر مفهومی اساسی و بسیار کاربردی است و هر هنرمندی برای آفرینش یک اثر از یک ایده ذهنی که در نهایت تبدیل به تم اثرش خواهد شد، آغاز می‌نماید. اثرانگشت تمایز اثرها در همین تم است و هر هنرمندی، تم هنرمندانه‌تری خلق کند، اثرش بیشتر در یادها و خاطره‌ها ماندگار خواهد شد.

به نظر من، زندگی، مهم‌ترین اثر هنری است که هنرمند آن، خود فرد است که باید خلاقانه تمی برای آن خلق کند، و این آفرینش رخ نمی‌دهد مگر با دو مرحله پیشین؛ نخست «براین بودگی» (شناخت و پذیرش هشیارانه شرایط اینی خود) و «به آن شدگی» (آفرینش واقع‌بینانه ایده آل‌ها و سمت و سوی زندگی) که درنهایت منجر به، نمایان شدن «تم زندگی» خواهد شد.

۱- مرحله براین بودگی

در مرحله نخست (براین بودگی)، که همچون روان تحلیل‌گران بر گذشته فرد کار می‌شود، هدف شناخت و تحلیل گذشته فرد است با این تفاوت که من این تحلیل را به شیوه‌ای نظام‌مند و مرحله به مرحله انجام می‌دهم. این فرآیند به صورت الگوی زیر عمل می‌کند:

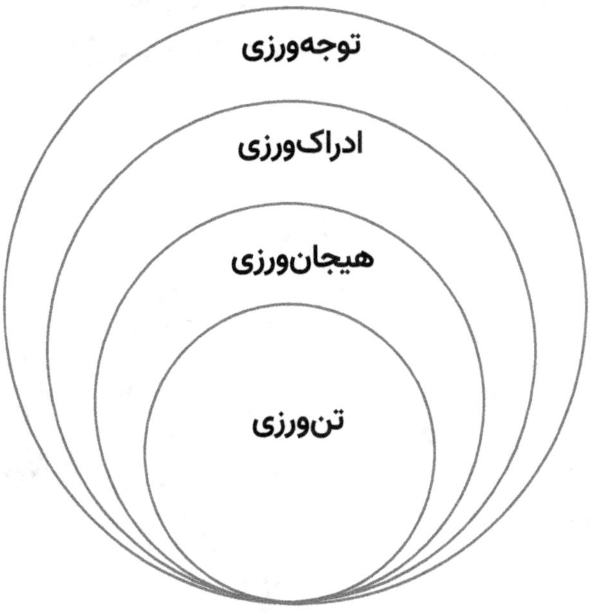

شکل۱. سلسله پایگان براین بودگی
(جوهری‌فرد، ۱۴۰۳؛ ۲۰۲۵)

ترتیب این الگو، یعنی کار بر روی تن، سپس هیجان و بعد ادراک، برگرفته از نظریه مغز سه گانه (پاول مکلین، به نقل از گری، ۲۰۰۷) است که بیان می‌کند جمجمه انسان تنها یک مغز را در خود نگاه نمی‌دارد، بلکه دربرگیرنده سه مغز است و هریک از آن‌ها نماینده فاصله تکامل تدریجی لایه و قشری است که بر روی لایه قدیمی‌تر شکل گرفته است وی آن‌ها را «سه‌گانگی» یا "تثلیث" مغز می‌خواند (گری،۲۰۰۷). بر اساس نظریه مغز سه‌گانه و از دیدگاه تکاملی، لایه جدید مغز نئوکورتکس را به مغز پستانداران جدید لیمبیک یعنی قدیمی ترآن را به مغز پستانداران دنیای قدیم و لایه سوم یعنی کهن‌ترین را به مغز خزندگان نسبت می‌دهند. من به این مدل مغزی، یک سطح جدید یعنی توجه را اضافه کرده‌ام، زیرا، توجه عالی‌ترین و تنهاترین فعالیت مغزی ویژه انسان‌هاست که می‌توان با توجه‌ورزی و پرورش آن، همه سطوح پیشین را مراقبت نمود. این الگو با نظریه‌های تکاملی مغز و در واقع رشد (Growth) تحول (Development) و فرگشت (Evolution) هم راستاست (جوهری فرد، ۱۴۰۳؛ ۲۰۲۵).

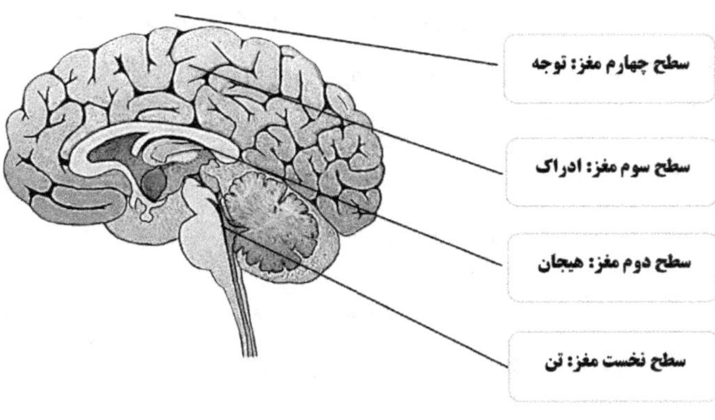

شکل۲. الگوی روان عصب‌شناسی خودورزی
(الگوی مغز چهارسطحی، جوهری فرد، ۱۴۰۳؛ ۲۰۲۵)

اصول نظری خودورزی

نظریه «خودورزی» به‌مثابه رویکردی نوین در روان‌درمانی، بر آن است تا با ترکیب سطوح چهارگانه تجربه زیسته انسان (تن، هیجان، ادراک، و توجه) چارچوبی جامع برای بازآفرینی روانی، رشد درونی، و معناجویی فردی فراهم آورد. برای استقرار این نظریه در بنیان علمی، اصول نظری آن باید به‌وضوح تبیین شوند. این بخش به بیان اصولی می‌پردازد که فلسفه وجودی و سازوکار درونی خودورزی را بر مبنای تلفیق میان‌رشته‌ای میان روان‌شناسی، فلسفه، علوم اعصاب و انسان‌شناسی، صورت‌بندی می‌کند.

اصل اول: خودورزی، بازآفرینی آگاهانه هستی روانی در بستر زمان

خودورزی فرایندی آگاهانه، پویا و چندسطحی است که فرد از طریق آن می‌تواند هستی روانی خود را در سه بُعد گذشته (بر این‌بودگی)، حال (تم زندگی) و آینده (به آن‌شدگی) به شیوه‌ای هشیارانه-بالغانه-مسئولانه-خلاقانه بازآفرینی کند. این فرایند با بهره‌گیری از ظرفیت‌های تن، هیجان، ادراک و توجه، به بازطراحی درونی فرد می‌انجامد.

اصل دوم: خودورزی، پاسخ روانی به گسست‌های وجودی

در دل هستی انسانی، چالش‌هایی چون بی‌معنایی، مرگ، تنهایی و مسئولیت گریبان‌گیر فرد می‌شود. خودورزی همچون پاسخی روان‌شناختی به این گسست‌های بنیادین عمل می‌کند؛ پاسخی که از مسیر بازسازی رابطه انسان با خود، گذشته، آینده و دیگران عبور می‌کند و مسیر زندگی فرد را روشن می‌سازد.

اصل سوم: خودورزی، طراحی مجدد تجربه زیسته

در نگاه پدیدارشناسانه، خودورزی فرآیند بازطراحی تجربه آگاهانه انسان است. این بازطراحی در سطح بدنی، هیجانی، ادراکی، توجه و آینده رخ می‌دهد. بدین معنا، خودورزی تلاشی برای زیستن با کیفیت نوین و خلق شکل تازه‌ای از «بودن» است.

اصل چهارم: خودورزی، بازنویسی روایت درونی

هر انسان دارای روایتی درونی درباره کیستی و چیستی خویش است. این روایت‌ها که اغلب در دوران کودکی و تحت تأثیر تجارب آسیب‌زا شکل گرفته‌اند، می‌توانند محدودکننده باشند. خودورزی با مداخله در این روایت‌ها، آن‌ها را بازنویسی می‌کند تا فرد بتواند با داستانی نو، مسئولانه و خلاقانه زندگی کند.

اصل پنجم: خودورزی، سامانه سایبرنتیکی تنظیم‌گر

خودورزی سامانه‌ای است که با استفاده از بازخوردهای درونی و بیرونی، تنظیم تن، هیجان، ادراک، توجه و آینده را به‌صورت هوشمندانه انجام می‌دهد. این سیستم با اصلاح خطاهای ادراکی و رفتاری، موجب سازگاری مؤثرتر با خود، دیگری و محیط می‌شود.

اصل ششم: خودورزی، آگاهی فراتکاملی

یکی از ظرفیت‌های منحصربه‌فرد انسان، توانایی برای «بازسازی آگاهانه خود» است. خودورزی تجلی این ظرفیت فراتکاملی است. این فرایند به فرد امکان می‌دهد تا نه‌فقط از گذشته رها شود، بلکه آینده‌ای منطبق با ارزش‌ها و آرمان‌های خویش خلق کند.

اصل هفتم: خودورزی، نظریه‌ای مبتنی بر بافتار

در روان درمانی برخی رویکردها همچون روان کاوی، رفتاردرمانی شناختی بر محتوا (Content) تاکید دارند و برخی بر بافتار (Context) همچون نظریه‌های اکت یا نظریه‌های سیستمی. خودورزی رویکردی است که بر هر دو موضوع محتوا و بافتار توجه دارد و هر دو را درهم تنیده است؛ فنون و مفاهیمی برخاسته از بافتارهای فرهنگی شرقی و روان شناسی علمی غربی (جوهری فرد، ۱۴۰۳).

جایگاه خودورزی در روان درمانی

«خودورزی» یک رویکرد سیستم اندیش است که با تلفیق نظریه‌های روان‌شناسی، علوم اعصاب، روان‌درمانی پویشی و شناختی، و فلسفه زندگی، مسیری را پیشنهاد می‌کند که نه‌تنها به کاهش نشانه‌ها می‌انجامد، بلکه به پذیرش و آفرینش خود و زندگی می‌رسد. بررسی تفاوت‌های خودورزی با سایر درمان‌ها به درک بهتر جایگاه آن در نقشه روان‌درمانی معاصر کمک می‌کند. برخی از تفاوت‌های بنیادی خودورزی با سایر درمان‌ها عبارت است از:

۱. خاستگاه نظری

بسیاری از رویکردهای درمانی کلاسیک از یک خاستگاه نظری اصلی نشأت گرفته‌اند. به‌عنوان نمونه، درمان CBT بر یادگیری شناختی-رفتاری و روان‌تحلیل‌گری بر کار با ناخودآگاه تأکید دارد.در حالی که خودورزی یک رویکرد درمانی سیستم اندیش و متاثر از رویکردهای مختلف روان‌شناسی است.

۲. گستره زمانی

بیشتر رویکردهایی درمانی بر یک زمان مشخص تأکید دارند، برای مثال روان‌تحلیل‌گری بر گذشته، و اکت بر حال متمرکز هستند. اما، خودورزی سه بعد زمانی را پوشش می‌دهد: بر این‌بودگی (کار بر گذشته)؛ به آن‌شدگی (آتیه‌ورزی)؛ تم زندگی (کار بر حال).

۳. واحد مداخله

در بسیاری از درمان‌ها، ذهن یا رفتار به عنوان واحد مداخله اصلی در نظر گرفته می‌شود. خودورزی اما بدن، هیجان، ادراک و توجه را به صورت سطح به سطح فعال کرده و بین این سطوح تعامل برقرار می‌سازد.

۴. فرآیند پویای درمان

در درمان‌های رایج، مسیر خطی از مسئله به تحلیل و سپس به تغییر است. اما، در خودورزی؛ به شیوه چرخه‌ای و بازگشت پذیر، هر مرحله می‌تواند مراحل قبلی یا بعدی را تقویت کند (چرخه‌خودورزی).

۵. سطح مداخله

رویکردهای کلاسیک معمولاً بر یک یا دو سطح کار می‌کنند (مثلاً شناخت و رفتار). خودورزی چهار سطح اصلی را با دو بعد تکمیلی (آتیه‌ورزی و زیست‌ورزی) پیوند می‌دهد.

نقاط قوت خودورزی

۱. یکپارچگی چندسطحی: همزمانی کار با تن، هیجان، شناخت و توجه.

۲. سه‌بعدی بودن در زمان: کار بر گذشته، حال و آینده.

۳. ساختار چرخه‌ای: بازگشت و تکرار به منظور تثبیت تغییر.

۴. تمرکز بر خودآفرینی: فراتر از حل مسئله، آفرینش خود، زندگی و آینده.

۵. قابلیت بومی‌سازی فرهنگی: انعطاف در سازگاری با بافتار فرهنگی.

۶. پیوستگی درون‌فردی و بین‌فردی: اثرگذاری بر روابط و نقش‌های اجتماعی و توازن بین خویش‌داری و دگرداری.

۷. کاربرد فراتر از درمان بالینی: مناسب برای آموزش، کوچینگ و توسعه فردی (جوهری فرد، ۲۰۲۵).

فصل پنجم
هفت درنگ خودورزی

هفت درنگ خودورزی

درنگ‌های خودورزی به منظور تامل در برخی چالش‌های روان‌شناختی، تحلیل‌ها و نظرات مرتبط با خودورزی را در هفت درنگ بررسی می‌کند. این درنگ‌ها به درک بهتر درمانگران و درمان‌جویان از مفاهیم خودورزی کمک می‌کند.

◀ درنگ نخست: در فریبندگی ادراک

زندگی، از نخستین روزهای تولد آغاز می‌شود، اما سال‌ها طول خواهد کشید، تا هر فردی مفهوم زندگی را درک کند. مفهوم زندگی، مفهومی بسیار شخصی و پدیدارشناختی است که هرکس در زیست جهان (Lifeworld) و دنیای پدیداری خویش آن را درک می‌کند و به متغیرهای بسیاری از درون و بیرون فرد ارتباط دارد. اما بیشترین نقش را در این میان ادراک فرد، که همان فرآیند معنا بخشی به پدیده‌هاست، بازی می‌کند.

ادراک، مفاهیم (Concepts) را برای ما می‌سازد و این مفاهیم هستند که دنیای بیرونی و غریب را با دنیای درونی و شخصی ما پیوند می‌زنند، و به تبع، چنین

فرآیندی همچون یک تیغ دو لبه، می‌تواند، هم برای فرد، کاربردی و مفید باشد وهم ناکارآمد و آسیب‌زا. زیرا، شکل‌گیری یک مفهوم غلط، منجر به درک اشتباه بسیاری از پدیده‌ها خواهد شد، و البته، چنین آسیب‌هایی برای مفاهیم انتزاعی مانند آزادی، پیشرفت، موفقیت، عشق و نظیر آن بیشتر خواهد بود. به عنوان مثال، اگر فرد از کودکی درک اشتباهی از مفهوم موفقیت داشته باشد، آنگاه به هر قیمتی می‌خواهد موفق باشد و شاید در این راه آسیب بسیاری به خود و اطرافیان خود بزند. من نخستین درنگ خودورزی را «در فریبندگی ادراک» می‌دانم و فکر می‌کنم بهتر است با فریبندگی‌های این پدیده روان بیشتر آشنا شویم.

ژان لکان، روان‌کاو مشهور فرانسوی، معتقد است که روان انسان از سه بخش (امر، وجه) خیالی (Imagination)، بخش نمادین (Symbolic) و بخش واقعی (Reality)، تشکیل شده است. در این مثلث، منظور از *امر خیالی* (I)، جستجوی بی‌پایان آدمی برای کشف و شناختن است. شناختی که از کودکی آغاز می‌شود و دیگران (افراد و اشیاء) همچون آینه‌ای به کودک کمک می‌کند، تا تصویری کامل از خودش دریابد، کودک برای نخستین بار به تفکیک خود-دیگری (Self-other) می‌پردازد و جهان را برای خودش مفهوم‌پردازی (Conceptualization) می‌کند، و همان‌طور که گفته شد، کودک برای نخستین بار، مفهوم پدر، مادر، محبت، آزادی، عشق، نفرت، کینه، خانواده، دوست و هزاران مفهوم دیگر را می‌فهمد و حجم این مفاهیم، ساحت و دنیای خیالی او را متورم‌تر می‌کند.

لکان معتقداست، در دوران مدرن، امر خیالی و اشتغال فرد با خود و خیال تسخیر جهان به اوج خود می‌رسد، و این واقعیتی است دردناک برای نسل مدرن! نسلی که تمام تلاش خود را به صورتی «کمال‌طلبانه» و بی‌پایان، برای «به دست آوردن» صرف می‌کند، خواه این به دست آوردن عینی باشد و خواه انتزاعی، خواه مادی و یا غیرمادی؛ مهم ارضای این میل و خواست بی‌پایان به دست آوردن است. سرچشمه این خواست‌ها را باید در این جهان خیالی و وجه تصویرسازی انسان یافت که خیال شکل می‌گیرد و نیرویی برای به دست آوردن آن صرف می‌شود، اما شوربختانه، این

خیال می‌تواند زودگذر و هیجانی باشد، و هر دم، فرد به خیالی دیگر گرفتار شود. وجه خیال انسان، منشأ همه پیشرفت‌ها و هنرهاست، تا خیالی درنگیرد، در عالم واقع «چیزی» پدیدار نمی‌شود و زندگی بدون خیال بسیار ملال‌آور و خشک خواهد بود.

فریبندگی ادراک در این سطح مرتبط است با مرحله آینه‌ای (Mirror stage)، یعنی زمانی که کودک تصویر خود را در آینه می‌بیند و برای اولین بار با «خود» به‌مثابه یک تمامیت خیالی روبه‌رو می‌شود. خود (ego) در اینجا بر پایه «بازنمایی» و «تخیّل» ساخته می‌شود، نه واقعیت. در این نظم، ادراک ما، مبتنی بر «تشابهات»، «تطبیق» و «فرافکنی‌ها»ست. ما جهان را بیشتر آن‌گونه می‌بینیم که می‌خواهیم یا می‌ترسیم باشد، نه آن‌گونه که هست. روابط بین‌فردی (به‌ویژه روابط عاشقانه یا رقابتی) مملو از فریب‌های ادراکی هستند که ناشی از خیالات و اسطوره‌های ناخودآگاه‌اند. برای مثال، فردی ممکن است رئیس‌اش را تهدید تلقی کند، چون ناخودآگاه او را جای پدر قدرتمند خود گذاشته است. بنابراین، هدف از خودورزی، شناخت قابلیت‌های این وجه انسان است، و پاسخ به این پرسش مهم، که چرا برخی افراد می‌توانند خیالات خود را به واقعیت تبدیل کنند و برخی دیگر، در اجرای آن‌ها ناتوان هستند؟

وجه دوم مثلث لکان، به *امر واقع* (R) می‌پردازد، ساحتی که اشاره به زندگی وجهان هستی دارد. جهان و پدیده‌هایی که، تا آنگاه که «شناخته» و سپس «نامیده» نشوند، نامفهوم و بی‌معنی هستند. مانند برخی بیماری‌های روانی، مجهولات فیزیک، یا بیماری‌های مانند ایدز یا کرونا.

تعریف واقعیت در فلسفه، بسیار گسترده است، البته در فرآیند خودورزی، نیازی به ورود به مباحث فلسفی واقعیت‌شناسی نیست. اما به طور کلی، می‌توان واقعیت را به امور عینی و رخدادهایی که همگان بر آن‌ها واقف هستند، نسبت داد. بنابراین، واقعیت اصطلاحی است در مقابل ذهنیت و تخیل. برای مثال، طلوع خورشید به عنوان یک امر عینی و قابل مشاهده که همگان بر حضور آن توافق دارند را می‌توان *امری واقعی* (R) دانست. اما، شیوه ادراک و تخیلات فرد از یک روز آفتابی، که امری

شخصی، و اختصاصی و وابسته بر ویژگی‌های شخصیتی است، امری خیالی (I).

سنجش واقعیت (Reality testing) یکی از شاخص‌های سلامت روان است، که در افراد روان‌پریش (سایکوز)، مختل می‌شود و مرز واقعیت و خیال از بین می‌رود، و در افراد روان رنجور (نوروز)، به صورت نسبی عمل می‌کند؛ و البته این واقعیت سنجی نسبی آسیب‌زاتر است. خودورزی رویکردی است برای تقویت واقعیت سنجی و تمییز واقعیت از خیال؛ شناخت واقعیت، آنگونه که هست، نه آنگونه که فکر می‌کنیم باید باشد.

فریبندگی ادراک در این سطح، آن است که ما فکر می‌کنیم می‌توانیم همه‌چیز را بفهمیم یا کنترل کنیم. حال آن‌که همیشه امری «غیرقابل درک» و خارج از چارچوب وجود دارد.

سومین وجه مثلث لکان، *امر نمادین* (S) است که منظور، مفاهیم (Concepts)، نشانه‌ها، نمادها، زبان، فرهنگ و حتی قانون و ساختارهای اجتماعی است. انسان‌ها حتی پیش از تولدشان در درون امر نمادین گرفتار هستند، زیرا متعلق به یک بافتار Content هستند؛ متعلق به یک قوم، زبان، فرهنگ، خانواده، مذهب. گاه حتی پیش از تولد، برای فرزند «نامی» انتخاب می‌شود و «صفت»های خاصی به فرزند متولد نشده نسبت داده می‌شود! به این ترتیب، گویی ما محکوم هستیم که جهان و واقعیت‌های بیرونی را از دریچه «زبان» ادراک کنیم و هر «چیز»، را به روایت مفاهیم ادراک شده، دریابیم!

فریبندگی در این سطح، ریشه در معناهای ساختاریافته‌ای دارد که خارج از فرد و در «دیگری بزرگ» (Big Other) وجود دارند. زبان، ما را به چارچوب‌هایی مقید می‌کند که ناخودآگاه در آن‌ها سوژه‌شدگی (Subjectivation) پیدا می‌کنیم. برای مثال، فردی که خود را «شکست‌خورده» ادراک می‌کند، ممکن است قربانی زبان پدر یا فرهنگش باشد که موفقیت را فقط در قالب ثروت یا قدرت تعریف کرده‌اند.

به تعبیری دیگر می‌توان گفت، مثلث لکان رابطه جهان واقعیت با دنیای ذهنی و درونی، امر نمادین (زبان، مفاهیم، فرهنگ و..) است و اگر چنین فرضی صحیح باشد، محدودیت ارتباط ذهن با زندگی معلوم می‌شود. دنیای ذهنی را می‌توان به یک «اتاق» تشبیه کرد، که دریچه‌های محدودی به جهان بیرون دارد. من این تشبیه اتاق ذهن را از فیلم مشهور «اتاق» برگزیده‌ام.

ارتباط این «اتاق ذهن» با جهان بیرون از دریچه حواس پنجگانه (دیدن، شنیدن، لمس کردن، چشیدن، بوییدن) است، که اگر محدودیت‌های حواس را هم در نظر بگیریم، آنگاه متوجه محدودیت ادراک خواهیم شد.

ادراک، فرآیند معنا بخشیدن و مفهوم‌پردازی پدیده‌ها و محرک‌های بیرونی است. اما، هنگامی ادراک می‌تواند «چیزی» را به درستی بفهمد، که «حواس» آن را به خوبی انتقال دهد، بنابراین، اگر فردی دچار ضعف دریکی از حواس باشد (برای مثال بینایی) و یک چیز را به اشتباه حس کند (مثلاً حسن را حسین ببیند)، ادراک به خطا رفته و به اصطلاح دچار «ایلوزیون» یا خطای ادراکی می‌شود.

حال تصور کنید که «اتاق ذهن»، با این همه خیالات رنگارنگ و افسونگر، و با این محدودیت ادراکی، چگونه می‌تواند ما را فریب دهد و به مسیری رهنمون کند که شاید هیچ‌گاه تمایلی به آن نداشته باشیم.

به خاطر دارم، آقای جوانی از مراجعین من، در یکی از شرکت‌های نفت و گاز جنوب کشور فعالیت می‌کرد و درآمد نسبتاً خوبی داشت. در جلسه‌ای به من گفت، که می‌خواهم از این کار خارج شوم و در تهران یک استودیوی موسیقی راه‌اندازی کنم و در آنجا شروع به تولید موسیقی و فعالیت‌های هنری کنم، وقتی با زندگی و شخصیت او آشنا شدم، احساس کردم این تصمیم از همان نمونه‌های خیالی است، که ارتباط کمی با واقعیت دارد. سعی کردم شرایط را برای او روشن کنم، اما متأسفانه چند ماه بعد، کاری را که می‌خواست انجام داد و با ورشکستگی و از دست دادن کار شرکتی و حال افسرده نزد من بازگشت.

افرادی از این دست بسپارند و معمولاً تمایلی به مشورت و پرسیدن نظر دیگران ندارند، زیرا، آنچه از واقعیت دریافته‌اند، برای تصمیم خیالی خود کافی می‌دانند.

در اینجا، نباید فریب این جمله معروف «خواستن، توانستن است» را خورد. خواستن، امری مقدس و آغازگر هر حرکت و پویشی در زندگی است. اما برای توانستن، باید آگاهانه و بالغانه و البته مسئولانه برنامه‌ریزی کرد.

پژوهشگران روان‌شناسی شناختی معتقدند، «دریچه‌ای» که از طریق آن واقعیت‌های جهان بیرونی را درک می‌کنیم، «طرحواره» (Schema) نام دارد. طرحواره، یک چارچوب ذهنی برای سازماندهی اطلاعات است که به ما امکان می‌دهد تا با صرف زمان کوتاهی، اطلاعات بیرونی را معنا کرده و با قواعد سرانگشتی (گمانه‌زنی Heuristic) تصمیم‌های سریع و واکنش‌های مناسب انجام دهیم. گاهی این کار به شیوه‌ای خودکار و ناآگاهانه و در اثر شرطی شدگی‌ها و آموخته‌های قبلی (به صورت عادت‌های رفتاری و شناختی) رخ می‌دهد. طرحواره‌ها، که از دوران کودکی و به‌واسطه خلق‌وخوی کودک، نیازهای هیجانی و شیوه تربیتی والدین، شکل می‌گیرند، می‌تواند به گونه‌ای سازگارانه یا ناسازگار، برداشت ما را از واقعیت تحریف کرده و به تعبیری، جهان به روایت طرحواره‌ها بازنمایی می‌شود.

به این دلیل، در رویکرد خودورزی، پیش از هر تغییری، باید ورای فریبندگی‌های ادراکی و امر نمادین و جهان مفاهیم، به درون خود رجوع کنیم تا خود «اصیل» و واقعی خویش را در پیدا کنیم و با درک استعدادهای واقعی خود و پرورش دادن، رشد و بالندگی آن، زندگی خود را از نو بسازیم؛ اما، این بار، با روایت خود، آگاهانه و بالغانه در مسیر زندگی خود (جوهری فرد، ۱۴۰۳).

◄ درنگ دوم: در تغییرپذیری شخصیت

چالشی مهم در روانشناسی وجود دارد؛ آیا شخصیت تحت تأثیر وراثت است یا تربیت؟ آیا شخصیت تغییر می‌کند؟ چه سنی برای تغییر کردن مناسب است؟ آیا برای یک فرد میانسال تغییر کردن و تغییر دادن شخصیت دیر نیست؟ و...

وراثت یا تربیت هریک طرفداران خاص خودش را دارد (نگاه کنید به نظریه‌های شخصیت از شولتز و شولتز)، اما من پاسخی متفاوت برای این چالش دارم.

بی‌شک نخستین سال‌های تولد تحت تأثیر وراثت و فرآیند رسش (Maturation) قرار دارد. فرآیندی که در آن همه چیز از قبل برنامه‌ریزی شده و طبق این برنامه رفتارهای کودک طبق زمان‌بندی مشخص شکل گرفته و رشد می‌کند، و در کنار آن رفتارهای والدینی (Parenting) و محیط فرد، منجر به شکل‌گیری طرحواره‌های نخستین شخصیت می‌شود. چنین فرمولی تا زمانی که ما، در «بند» این طرحواره‌ها و «تعیین‌کننده‌های پیشین» باشیم، مؤثر هستند، اما، از هنگامی که «هشیاری» فرد ظهور می‌کند و در مسیر «شناختن» و «ساختن» قرار می‌گیرد، تغییرپذیری شخصیت آغاز می‌شود، که اگر دریافتن شخصیت اصیل خود و پرورش و جهت دهی آن در مسیر زندگی گام برداریم، گویی دوباره متولد شده‌ایم.

خودورزی، رویکردی است که عمیقاً به تغییرپذیری شخصیت بر مبنای هشیاری افزایی و گسترش ادراک و آگاهی فرد اعتقاد دارد.

◀ درنگ سوم: خودشناسی یا خودورزی

شاید در نگاه اول، خودورزی را واژه‌ای غریب و نامأنوس بدانید. اما، من این واژه را در برابر خودشناسی یا خودکاوی به کار برده‌ام. اصلی‌ترین دلایل من از به کار بردن «خودورزی» به جای خودشناسی این است که:

۱) خودورزی یک فرآیند پویاست که می‌تواند در سراسر عمر ادامه یابد، در حالی که خودشناسی یا خودکاوی، «خود» را به عنوان یک «چیز» (شیء یا ابژه) ایستا در نظر می‌گیرد که باید دریک زمان و شرایط ثابت آنرا شناخت. پویایی نهفته در واژه خودورزی، این قابلیت را در درمان ایجاد می‌کند که در سراسر زندگی از «خود» غافل نشویم.

۲) در خودورزی، پویایی و تحرک در شخصیت مدنظراست، که لازمه این کار،

اعتقاد به «اراده» آزاد و فرآیند رشد و تحول شخصیت در انسان است. بنابراین، شیوه درمان خودورزی، مبتنی بر آزادسازی انسان است از بند گذشته، تربیت نادرست، طرحواره‌های ناسازگار و هر آنچه فرد را از رشد و تحول و پویایی بازمی‌دارد.

۳) خودورزی، از دو بخش «خود» و فعل «ورزیدن» تشکیل شده است که معنای ورزیدن، در فرهنگ‌نامه‌های فارسی کوشش، تلاش مداوم و عمل کردن است. بنابراین، خودورزی به معنای کار و تلاش پیاپی با شخصیت خویش است و آنچنان که در ورزش روی بدن کار می‌کنیم، در خودورزی روی روان و شخصیت خود. پس اگر برای خودورزی، یک «کار» و «تلاش» مداوم بر روی شخصیت را در نظر بگیریم، باید خود را بیشتر درگیر درمان کرده و مسئولیت بیشتری برای رشد و بالندگی در مسیر زندگی بر عهده بگیریم.

◀ درنگ چهارم: خودورزی: رویکردی سیستم اندیش به روان‌درمانی

امروزه، شاهد تلاش‌های بسیاری در حیطه‌های مختلف علمی (به‌ویژه نظام سلامت)، در جهت یکپارچه‌سازی و نگاه سیستم اندیشی به دستاوردهای مهم روان‌شناسی هستیم، دستاوردهای بسیار مهم در هر سه موج روانشناسی (روان‌کاوی، رفتارگرایی و انسان‌گرایی) هرکدام، دریچه‌های تازه‌ای را به ساحت ناشناخته و شگفت‌انگیز شخصیت و روان انسان باز کردند. اما، نقطه‌ضعف اغلب آن‌ها، نگاه تک‌بعدی و متعصبانه به یافته‌های خود بود. به طوری که، بسیاری از دانشجویان و متخصصین و حتی عموم مراجعین را، با سردرگمی انتخاب و تلاش برای یافتن بهترین رویکرد و روش درمانی، روبه‌رو کرده است.

خوشبختانه، با استقبال از نگاه کل‌نگر و سیستم اندیش و امکان «گفتگو» بین رویکردها و روش‌های مختلف روان‌شناختی، زمینه برای طراحی و ظهور درمان‌های جامع‌تر و کل‌نگرانه همچون رویکرد خودورزی فراهم شده است.

به این جهت، رویکرد خودورزی با نگاهی سیستم اندیش، سلامت‌محور، مبتنی بر توانمندی‌های انسان (Resource-oreinted) برای رشد و بالندگی در مسیر زندگی است و برای رسیدن به این هدف، یافته‌های روانشناسی و روان‌درمانی مبتنی بر بافتار فرهنگی ایرانی-اسلامی مورد توجه قرارگرفته است.

◄ درنگ پنجم: تم زندگی

یکی از شایع‌ترین علل مراجعه کردن افراد به روانشناس، سردرگمی و بلاتکلیفی در زندگی است. اینکه فرد نمی‌داند کدام مسیر، کار یا هدف برای زندگی او مناسب‌تر است. به طوری که، برخی مراجعین من در میانسالی در پی کشف استعدادهای نهفته خود به شیوه آزمایش و خطا، خواندن کتاب‌های مختلف، شرکت در کلاس‌های گوناگون، آزمودن شغل‌های متنوع در برنامه خود دارند، تا بلکه آرامش خود را دریابند.

◄ درنگ ششم: آهنگ تحول شخصیت

اگر رشد کردن را همچون یک موسیقی تصور کنیم که دارای یک ریتم و ضرب‌آهنگ است، بنابراین، این ضرب‌آهنگ باید دست‌کم بین دوضرب اتفاق افتد، ضرب یک... ضرب دو...؛ مانند ضرباهنگ روز.. شب..؛ سیاه.. سفید..؛ زن...مرد..؛ که هرکدام می‌تواند تداعی‌کننده یک آهنگ دوضربی باشد.

حال، برای کشف ضرب‌آهنگ رشد و تحول شخصیت، باید به سراغ برخی از نظریه‌پردازان روانشناسی معتقد به رشد و تحول رفت، همچون کارل راجرز. به اعتقاد راجرز، "خود" (Self) به عنوان اصلی‌ترین بخش شخصیت به دو شکل «خودواقعی» و «خودآرمانی» است. خودواقعی (Real self)، به آنچه «هستیم» و «بود» زندگی ما اشاره دارد وخودآرمانی (Idealself)، به آنچه «می‌خواهیم» باشیم و «نمود» زندگی ما. اگر فاصله این دو از یکدیگر زیاد باشد، فرد دچار «خودناهمخوان» و ناهماهنگ شده و ضرب‌آهنگ تحول شخصیت به درستی پیش نمی‌رود و با «انکار» و «تحریف» واقعیت‌ها سعی دارد تا خود یا زندگی را به شیوه‌ای غیرواقعی ادراک نماید. چنین فردی بی‌شک در مسیر زندگی خود نیست و از زندگی خود رضایت ندارد.

بنابراین، می‌توان نتیجه گرفت، آهنگ تحول شخصیت، همچون سایر ضرب‌آهنگ‌های طبیعت که دوضربی هستند، دوضرب دارد؛ ضرب «این» و ضرب «آن». ضرب این، به ادراک و آگاهی ازآنچه هستیم اشاره دارد (بر این بودگی) و ضرب آن، به آفرینش و امید به رسیدن به ایده آل‌ها و اهداف است (به آن شدگی) و آهنگ تحول، با نواختن بر ضرب این و آن، شخصیت وزندگی را به رقص و پویایی و شکوفایی می‌انگیزد و از درخودماندگی و در جاماندگی می‌رهاند (تم زندگی).

◄ درنگ هفتم: خودورزی در زندگی

خودورزی، بیش از آنکه یک نظریه روانشناسی و دانشگاهی باشد، یک رویکرد عمل‌گرا و تجربی برای تحول و بالندگی شخصیت در مسیر زندگی است، و بنابراین، خودورزی واقعی در متن و بافتار زندگی رخ می‌دهد، نه در اتاق درمان.

به همین دلیل، در خودورزی یک کتاب کار با تمرینات و گزارش‌های موردی طراحی شده است که به مراجعین این امکان را می‌دهد تا در هر موضوع آموزشی درمانی، آن را به صورت کاربردی در بستر زندگی خود تجربه کنند. در واقع، خودورزی برای خود و برای زندگی است.

خودورزی در زندگی روزمره یعنی زیستن هشیارانه، مسئولانه، خلاقانه و بالغانه. این مسیر آموزشی درمانی می‌تواند در زندگی فرد تأثیرات زیر را نشان دهد:

✸ در زندگی فردی

ساختن شخصیت مستقل و خودمختار: فرد مسئول هیجانات، افکار و رفتار خود است.

گذر از نقش قربانی به نقش کنش‌گر: ریشه‌یابی و بنه‌یابی آسیب‌های گذشته، و گسستن از آن.

آفرینش آینده: با تمرین‌های آتیه‌ورزی (همچون، کشف خود آرمانی؛ کشف نقاط قوت؛ کشف ارزش‌ها).

- **در روابط بین‌فردی**

ترک الگوهای بازآفرینی آسیب‌زا: (مثلاً انتخاب‌های تکرارشونده در عشق)

کشف و ترمیم بنه‌سازهای رابطه‌ای: (مثلاً: "نیاز به تأیید" یا "ترس از رها شدن")

زیستن با تم بالغانه و مسئولانه.

- **در کار و هدف‌گذاری**

شناخت معنای درونی کار (نه فقط درآمد یا اعتبار)

تمرکز بر خلاقیت و ارزش‌آفرینی، زیستن با تم خلاقانه و نه صرفاً موفقیت کمی.

انتخاب مسیر شغلی با توجه به کشف نقاط قوت درونی

- **در ارتباط با زندگی و هستی**

حس مسئولیت هستی‌شناختی: زیستن با تم مسئولانه

معناپردازی خلاقانه از رنج‌ها

یکپارچگی و هم‌آهنگی بین بودن (براین بودگی) و شدن (به آن شدگی).

فصل ششم
مبانی نظری و بالینی تن‌ورزی

مبانی نظری و بالینی تن ورزی

اولین گام خودورزی در مرحله براین بودگی، و بر اساس مدل چهارسطحی مغز، تن‌ورزی یا کار با بدن است. تن، می‌تواند نخستین تکیه‌گاه و راهنما برای شروع تغییرات در خود و زندگی باشد. اگر قرار است تحولی در زندگی رخ دهد، بهتر است نخست در بدن آن را احساس کنیم، تا هم به عنوان تکیه‌گاهی برای بخش‌های بعدی تغییرات باشد و هم احساس خوبی از خود دریافت کنیم. در این زمینه منابع علمی بسیاری ثابت می‌کنند که تن، می‌تواند نخستین مرحله کار با روان انسان باشد.

در پیشینه تاریخی رویکردهای تن-روان (Mind-Body)، می‌توان به تمرینات راجایوگا اشاره کرد که در هشت مرحله، رشد و تحول شخصیت را آموزش می‌دهد. نخستین مراحل کار در این روش، آسانا یوگا نام دارد که با تمرینات بدنی شروع می‌شود. از دیدگاه جسمانی Asanaها ابزارهایی برای دستیابی به تعادل، قدرت، انعطاف‌پذیری، چالاکی و بهبود سلامت روان هستند که در این ورزش هر کدام بر اساس ماهیت اجرایی، شکل و ساختار کلی شان به یک اسم خاص نامگذاری شده اند (نگاه کنید به http://yogini.ir/asana).

من در کتاب تم درمانی، سیر رشد انسان را از کودکی بر اساس «تم زندگی»، به سه دوره؛ تم زندگی بدنی، تم زندگی هیجانی و تم زندگی شناختی تقسیم نمودم، که در واقع نشان می‌دهد هر فردی زندگی را از دوره بدنی شروع می‌کند و همه توجهات اطرافیان یک نوزاد در نخستین روزهای تولد متوجه بدن و فیزیولوژیک اوست و به تدریج در پی واکنش‌های هیجانی و شناختی او خواهند بود.

بررسی فنون تن ورزی

تن‌ورزی، یعنی کار هشیارانه، بالغانه، مسئولانه و خلاقانه با بدن، و شامل سه بخش تن‌آگاهی، تن‌آرامی و تن‌آموزی است (جوهری فرد، ۱۴۰۳).

در ادامه، به بررسی مبانی نظری این بخش‌ها می‌پردازیم:

۱. تن‌آگاهی (Body Awareness)

تعریف: توانایی فرد برای توجه هشیارانه به بدن به منظور آگاهی از بدن و رفتارهای آن.

فنونی مانند:

۱-۱. *اسکن بدن* (Body Scan Mindfulness): آگاهی از بدن و رفتارهای جسمانی.

۱-۲. *پایش و ثبت احساسات بدنی روزانه* (Body Awareness): بیمار احساسات بدنی خود را ثبت کرده و با رویدادهای روزمره پیوند می‌دهد.

۱-۳. *تمرینات حس‌تن‌محور* (Sensory Grounding Exercises) یا حس آگاهی:

توجه آگاهانه بر حواس پنج‌گانه برای آگاهی بیشتر از تن و کارکردهای آن.

۲. تن‌آرامی (Body Relaxation)

تعریف: کاهش تنش عضلانی بدنی و بازیابی حالت پایدار فیزیولوژیکی از طریق فنون آرام‌سازی.

شامل:

۲-۱. *آرام‌سازی پیشرونده عضلانی* (PMR): انقباظ و رهایش عضلات مختلف بدن به‌صورت منظم.

۲-۲. *تنفس دیافراگمی یا تنفس شکمی* (Diaphragmatic Breathing):یا دم آگاهی.

۲-۳. *ماساژ و شیوه‌های تنش زدایی عضلانی.*

۳. تن‌آموزی (Body Learning)

تعریف: یادگیری مهارت‌های جدید مرتبط با بدن، از جمله نحوه‌ی نشستن، راه رفتن، خوابیدن، مطالعه کردن و سایر رفتارها و حرکت‌های سالم، تنظیم انرژی، و بهره‌وری از بدن به صورت خلاق. فنونی شامل:

۳-۱. *فن آلکساندر:* برای تنظیم و تن آرایی، تاثیرگذاری فن الکساندر در کاهش درد و اختلالات روان تنی

۳-۲. *آموزش ابراز وجود (فنون غیر کلامی)* همچون شیوه بالغانه ایستادن، راه رفتن، صداسازی و تنظیم تن صداو ... و به طور کلی اصلاح فرم بدنی در ارتباطات بین فردی.

۳-۳. *یوگا، پیلاتس و حرکات اصلاحی بدن.*

در ادامه، دو نمونه بالینی از کاربرد تن آگاهی و شیوه‌های تن‌ورزی در کارهای بالینی ارائه می‌شود:

تن‌بسته- تن‌گشوده[1]

خانمی ۳۵ ساله با سابقه‌ای از اختلالات خلقی و اضطرابی در نخستین جلسات خودورزی و تمرین تن آگاهی، حالت بدنی خود را به شکل روبه رو ترسیم نمود.

من این حالت را «تن بسته» نامیدم که در آن بدن و ذهن در وضعیتی بسته، سرکوب شده و ناگویا به سر می‌برد (Body-Mind closed) و تا زمانی که تن آموزی و تغییر تن‌بسته به تن‌گشوده رخ ندهد، خودافشاگری (Self-disclosed) در مراحل بعدی به درستی انجام نمی‌شود (جوهری‌فرد، ۱۴۰۳؛ ۲۰۲۵).

مورد دوم: تن در بند

خانمی ۳۳ ساله و با تشخیص وسواس فکری-عملی و اختلالات پنیک، در جلسات نخست خودورزی تن آگاهی خود را به شکل روبه رو نشان داد.

در این تمرین مراجع ناگهان احساس کرد ماری به دور پاهایش پیچیده است. این مار، نه یک توهم، بلکه بازگشت یک خاطره بدنی بود؛ تداعی یک ترس خاموش از دوران کودکی.

در خودورزی، همین لحظات آغاز گشودگی‌اند؛ آغاز راهی از تن بسته به تن گشوده و کمک به بُنه یابی در مراحل بعد (جوهری‌فرد، ۱۴۰۳؛ ۲۰۲۵).

1- Body- Closed, Body- Disclosed

فصل هفتم
مبانی نظری و بالینی هیجان‌ورزی

مبانی نظری و بالینی هیجان‌ورزی

دومین گام خودورزی در مرحله براین بودگی، و بر اساس مدل چهارسطحی مغز، هیجان‌ورزی یا کار با هیجانات است. هیجانات بخش مهمی از حالت‌هایی هستند که اثرات مختلفی در ابعاد متفاوت تحصیلی، اجتماعی، رفتاری، انگیزشی، سلامت روان و بهزیستی روانی ما دارد (پریسه و همکاران، ۲۰۲۰).

جایگاه و اهمیت کار با هیجانات در بسیاری از نظریه‌های روان شناسی آمده است از جمله:

دیدگاه فیزیولوژیک: بر اساس نظریه جیمز-لانگه و نظریه‌های پس از آن، هیجان‌ها واکنش‌های بدنی-عصبی هستند که ادراک‌شان تجربه هیجانی را شکل می‌دهد.

دیدگاه روان‌تحلیلی: هیجان‌های سرکوب‌شده می‌توانند منبع تعارض درونی و علائم روانی باشند.

دیدگاه شناختی: نظریه لازاروس می‌گوید ارزیابی شناختی[1] تعیین‌کننده شدت و کیفیت هیجان است.

1- Cognitive Appraisal

دیدگاه عصب شناختی: نقش آمیگدال در پردازش هیجانی، قشر پیش‌پیشانی در تنظیم هیجان، و ارتباط شبکه‌های مغزی در بازداری یا تسهیل بیان هیجان.

دیدگاه تکاملی: هیجان‌ها سیستم‌های سازشی‌اند که بقا، ارتباط اجتماعی و تصمیم‌گیری را تسهیل می‌کنند.

مبانی نظری و عصب‌شناختی هیجان در خودورزی

هیجانات مختلف ما در سیستم لیمبیک و به ویژه بخش آمیگدال پردازش می‌شوند. کارکردهای مختلف آمیگدال عبارتند از:

۱) ماهیتی ناهشیار دارد و بدون آگاهی ما عمل می‌کند.

۲) خاطرات هیجانی گذشته، پردوام و ماندگار هستند، در طول زندگی با ما بوده و در شرایط استرس زا می‌توانند فعال شوند.

۳) به صورت خودکار و بدون پردازش‌های شناختی فعال می‌شوند.

۴) بسیار سریع عمل می‌کنند. در شرایط احساس خطر سیستم هیجانی ما از سیستم شناختی سریع تر عمل می‌کند.

۵) یک الگوی کلی پاسخ‌دهی داشته و نسبت به تفاوت‌ها شناخت دقیقی ندارد.

بنابراین، آمیگدال هم در حافظه هیجانی و هم پردازش‌های هیجانی دخالت دارد. نقش بخش آمیگدال در سیستم حافظه به صورت کمک به سیستم حافظه در بازیابی اطلاعاتی است که همراه با هیجانات مختلف هستند به عبارت دیگر بخش آمیگدال خاطراتی که جبنه‌ی هیجانی دارند را در خود نگهداری و بازیابی می‌کنند.

نقش مهم دیگر بخش آمیگدال مغز در ارتباط با ایجاد و ادراک واکنش‌های هیجانی است. به عبارت دیگر زمانی که ما در مقابل محرکی واکنش‌های مختلف هیجانی (مانند ترس، تعجب، انزجار و یا شادی) را نشان می‌دهیم، بخش آمیگدال مغز فعال بوده و به کمک قشر مغز امکان ادراک هیجانات را فراهم می‌نماید. نقش آمیگدال در ارتباط با ادراک و تشخیص هیجانات مورد پروهش زیاد قرار گرفته است. بر اساس نتایج پژوهش‌های آزمایشگاهی که بر روی حیوانات انجام شده است معلوم

شده زمانی که به کمک الکترودهای کوچک، بخش آمیگدال مغز مورد تحریک قرار می‌گیرد، حیوانی که تحت آزمایش قرار دارد علایمی از حالت‌های مختلف هیجانی را از خود نشان می‌دهد. همچینن نتایج آزمایش‌های فوق نشان داده است زمانی که بخش‌هایی از ناحیه‌ی آمیگدال مغز حیوانات آزمایشگاهی که تحت آزمایش قرار دارند تخریب می‌شود، این حیوانات قادر به نشان دادن حالت‌های هیجانی مختلف نیستند و آنها نمی‌توانند هیجاناتی مانند هیجان خشم و یا هیجان ترس را در مقابل محرک‌های تحریک کننده‌ی هیجانات نشان دهند که در مواقع عادی این هیجانات را تحریک می‌کنند نشان دهند.

نتایج برخی از پژوهش‌ها نشان می‌دهد که به هنگام ابتلا به برخی از اختلالات روانشناختی (مانند اختلال افسردگی و یا اختلال وسواسی-اجباری) تغییراتی در کارکرد بخش آمیگدال مغز رخ می‌دهد. متخصصان روان عصب‌شناسی (Neropsy-chologist) معتقدند، تغییرات در کارکرد بخش آمیگدال مغز علت اصلی ظاهر شدن علایم اختلالات افسردگی و وسواس است.

در هنگام ابتلا به اختلال افسردگی میزان فعالیت بخش آمیگدال مغز افزایش می‌یابد. همچینن نتایج برخی از پزوهش‌ها نشان می‌دهد در بیماران مبتلا به اختلال افسردگی مزمن میزان حجم بخش آمگیدال مغز کاهش یافته است. نتایج پژوهش‌هایی که بر روی عملکرد بخش آمیگدال مغز مبتلایان به اختلال افسردگی انجام گرفته است نشان داده است که در این بیماران به علت افزایش فعالیت بخش آمیگدال مغز میزان به خاطر آوردن خاطرات ناخوشایند افزایش یافته است. همچنین این بیماران به میزان بیشتری در آزمون‌های مربوط به بازیابی واژه‌ها، واژه‌هایی را بخاطر می‌آورند که حالت تهدیدکنندگی دارند. به نظر پژوهشگران علوم اعصاب‌شناختی افزایش فعالیت بخش آمیگدال مغز با کاهش آزاد شدن ناقل عصبی سروتونین مرتبط است و کاهش آزاد شدن ناقل عصبی سروتونین با ظاهر شدن علایم اختلالاتی مانند اختلال افسردگی و اختلال وسواسی- اجباری همراه است.

بررسی و تحلیل فنون هیجان ورزی

هیجان‌ورزی، یا به عبارت دقیق‌تر، کار هشیارانه، بالغانه، مسئولانه و خلاقانه با هیجان، دارای سه بخش تکنیکی است:

- فنون رها سازی[1]
- فنون برون‌سازی[2]
-فنون بُنه‌سازی[3] (جوهری فرد، ۱۴۰۳؛ ۲۰۲۵).

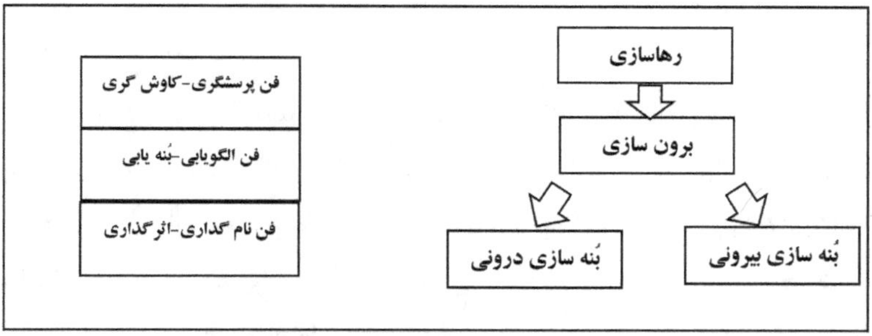

شکل ۷-۱. مراحل و فنون هیجان‌ورزی (جوهری‌فرد، ۱۴۰۳؛ ۲۰۲۵).

◁ رها سازی

رهاسازی، مجموعه فنونی است که باعث آزاد شدن انرژی روانی، احساسات سرکوب شده، حرف‌های ناگفته و سایر مواد روانی نظیر آن می‌شود؛ اما، بدون هدف و نتیجه خاص. در واقع هدف تمرینات رهاسازی، آموزش رها کردن خود و انرژی‌های درونی به مراجع است. به عبارت دیگر، هنگامی که فردی توان رها کردن احساسات و حرف‌های سرکوب شده خود را ندارد، و در جلسه درمانی ساکت و در هم فشرده می‌نشیند، نمی‌توان به لایه‌های زیرین هیجانی و مشکلات و ترومااهای وی نفوذ کرد. این تمرین برای افراد تن-روان بسته، و دارای ویژگی‌های سخت‌گیرانه به خود، بسیار کاربردی است و باعث کاهش مقاومت آن‌ها به درمان می‌شود.

برای مثال، رها کردن صدا....

1- Release techniques
2- Externalization techniques
3- Core construct techniques

رها کردن احساس....

اما برای بسیاری از افراد که کل زندگی خود را به سرکوب احساس و حرف‌های خود پرداخته‌اند، کار آسانی نیست.

رها سازی به دلیل عدم تمرکز بر روی هدف و نتیجه خاص درمانی، و صرف کار روی رها کردن انرژی‌ها، مقاومت را کاهش داده و احساس رهایی و آرامش به فرد می‌دهد.

◁ برون سازی

برون‌سازی همچون رهاسازی به تخلیه انرژی‌های روانی، احساسات و حرف‌های ناگفته می‌پردازد، با این تفاوت که در اینجا، به صورت هدفمند و مبتنی بر یک ابژه خاص[1] کار می‌کنیم. برای نمونه، با روش صحبت کردن یا نوشتن به صورت برون‌سازی، حرف‌های ناگفته و احساسات سرکوب شده سال‌های کودکی و نوجوانی مختص مادر کار می‌شود و هر زمان تمرینات ابژه مادر تمام شد، به ابژه‌ای دیگر مثل پدر یا مادربزرگ، دایی، معلم و ... می‌پردازیم.

یکی از روش‌های مرسوم در روان‌کاوی اینست که با بیان تداعی‌ها و خاطرات و حتی رویاهای بیمار، به تعبیر و تفسیر پرداخته می‌شود. در حالی که در خودورزی، باید صبر کرد تا فرد از نظر هیجانی به تن‌ورزی و رهاسازی هیجانی دست یابد، و به تدریج و با کمک فنون کشف بُنه‌سازی از برون‌سازی‌ها به کشف بُنه‌سازها پیش رویم.

یورک بکر معتقد است، نداشتن هیچ خاطره‌ای از دوران کودکی، مانند آن است که انسان محکوم باشد چمدانی را، با اینکه نمی‌داند درونش چیست، با خود به این سو و آن سو بکشد و هر چه از عمر انسان می‌گذرد، چمدان سنگین‌تر و انسان بی‌قرارتر می‌شود تا بالاخره آن را باز کند. در کتاب کار خودورزی، تمریناتی برای برون‌سازی ارائه شده است. برای نمونه، تمرین بازخوانی گذشته.

1- object oriented

◁ بُنه سازی

به صورت سنتی، بسیاری از درمان‌های تحلیلی از گذشته تا به امروز بر روی هیجانات و تروماهای فرد کار می‌کردند و امروزه نیز درمان‌هایی مانند طرحواره درمانی و یا درمان هیجان مدار، تمرکز ویژه‌ای بر روی هیجان دارند. تفاوت روش خودورزی در بخش هیجان با رویکردهای تحلیلی در اینست که، ما ابتدا اجازه می‌دهیم تا بیمار با بخش هیجانی خود ارتباط بگیرد (برای نمونه با تمرینات رهاسازی) و سپس، برون سازی‌ها صرفاً به صورت هیجانی انجام شود. از تعبیر و تفسیر زودهنگام به شدن پرهیز می‌کنیم تا به تدریج فرد با شناخت روان بنه‌های خود (بُنِه سازی)، وارد مرحله ادراک‌ورزی شود و بیاموزد که چگونه خودش و البته گاهی با کمک درمانگر، به تحلیل و پردازش بالغانه خاطرات گذشته خود بپردازد. همچنین، تفاوت خودورزی در بخش هیجان با طرحواره درمانی در اینست که، در طرحواره درمانی، ظرفیت روانی لازم برای تمرین با هیجانات ایجاد نمی‌شود، در حالی که در خودورزی ابتدا ظرفیت روانی فرد در مرحله تن‌ورزی، جهت آماده شدن برای کار با تروماها و هیجانات سرکوب شده‌اش، انجام می‌شود.

فنون بُنه‌سازی برای کشف بُنه‌سازهای بیرونی و درونی توسط درمانگر انجام می‌شود که شامل فنون:

۱- پرسشگری- کاوشگری[۱]

۲- الگویابی- بُنه یابی[۲]

۳- نام گذاری- اثرگذاری[۳] (جوهری فرد، ۱۴۰۳؛ ۲۰۲۵).

1-Questioning- Probing (QP techniques)

2- Patterning-Framing (PF techniques)

3- Naming -Effecting (NE techniques)

۱- پرسشگری- کاوشگری

فنون پرسشگری-کاوشگری در خودورزی برای کشف بنه‌سازها و توسط درمانگر به کار می‌رود، تا بیمار حین صحبت و بازخوانی خاطرات و ناگفته‌های گذشته خود و به تدریج به سمت کار هشیارانه – بالغانه- مسئولانه – خلاقانه با گذشته خود حرکت کند و همچنین مقدمات ادراک ورزی در مرحله بعد فراهم شود (حرکت از سطح هیجان به سطح ادراک).

فنون پرسشگری- کاوشگری می‌تواند به صورت درهم تنیده انجام شود، یعنی درمانگر پرسشی را برای تامل بیشتر بیمار به شیوه‌ای سقراطی می‌پرسد و همزمان فرد را به سمت کاوش بیشتر در ریشه‌ها و بنه‌سازهای شخصیت خود هدایت می‌کند. در واقع ترکیبی از فنون شناختی و تحلیلی رخ می‌دهد.

درمانگر باید در پرسشگری از بیمار بخواهد، بیشتر به حوزه‌هایی که در آن مشکل دارد بپردازد و او را با مسائل مهم شخصیت و زندگی خود روبه رو کند و اجازه طفره رفتن و ورود به بحث‌های حاشیه‌ای را ندهد. همچنین، درخواست از بیمار برای بیان جزییات و مثال‌های مشخص از زندگی می‌تواند بسیار مفید باشد.

بیمار: من فردی تنها بودم و خیلی با دوستان هم سن و سال و اطرافیان خود ارتباط نمی‌گرفتم.

درمانگر: لطفاً کمی با جزییات توضیح دهید.

بیمار: تنها اتصال من به جامعه، عموی من بود.... او اولین فردی بود که به من توجه کرد و همراه خود، من را به کوچه و محله و بازی با دیگران می‌برد. من به فوتبال علاقه داشتم، اما بلد نبودم بازی کنم. عمویم وقتی این ذوق و اشتیاق را در من دید، آن را در من پرورش داد...

درمانگر: یعنی فرد دیگری این علاقه ندید؟ مثلا پدر یا مادر؟

(این شیوه پرسشگری باعث کاوش یکسری موضوعات در بیمار شد و وی پس از مدتی تأمل پاسخ داد).

بیمار: بله درسته.....پدر اهل توجه نبود...به من توجه نمی‌کرد...

درمانگر: می‌توانید بیشتر توضیح دهید. پدر چگونه شخصیتی داشت؟ و چه رابطه‌ای با هم داشتید؟

بیمار: پدر فرد باسوادی بود، اما به شدت درگیر حل مسائل دیگران و تقریباً فرصتی برای ما نداشت... نه برای من نه حتی مادر...

فنون پرسشگری- کاوشگری

در این بخش برای نمونه و راهنمایی درمانگران، برخی از فنون پرسشگری-کاوشگری مفید و کاربردی معرفی می‌شود. نمونه‌هایی از فنون پرسشگری:

➤ **فن درخت ریشه‌ها**

شروع از یک رویداد یا هیجان فعلی، سپس با پرسش «چه چیزی پشت این است؟» یا «ریشه این موضوع کجاست؟به کجا می‌رسد؟» چندین لایه به عقب می‌رویم تا به کاوش بُنه‌سازها برسیم.

➤ **فن زنجیره رویدادها**

پرسش‌های پیاپی «چه چیزی این موضوع برایت مهم است؟» یا «چگونه چنین واکنشی داشتی؟» تا وقتی که پاسخ‌ها به یک تجربه بنیادین و بُنه ساز برسند.

و نمونه‌هایی از کاوشگری:

- وقتی این هیجان در تو شکل می‌گیرد، چه خاطره یا تصویری اول از همه به ذهنت می‌آید؟
- اولین باری که این احساس را داشتی، کی بود؟ در چه شرایطی؟
- چه باور یا فکری پشت این هیجان پنهان است؟
- اگر این هیجان یک پیام داشت، چه می‌گفت؟
- چه کسی یا چه چیزی در گذشته بیشترین نقش را در شکل‌گیری این واکنش داشته است؟

- آیا الگوی مشابهی در خانواده، مدرسه یا روابط قبلی دیده‌ای؟
- اگر این موقعیت را در یک داستان توصیف کنی، نقش تو در آن داستان چیست؟
- چه چیزهایی این احساس را تشدید یا تضعیف می‌کنند؟
- اگر قرار بود این هیجان را به یک کودک توضیح دهی، چطور می‌گفتی؟
- چه بخش‌هایی از خودت نمی‌خواهد این هیجان را رها کند و چرا؟

۲- الگویابی- بُنه‌یابی

همان‌طور که گفته شد، در خودورزی پس از تمرینات رهاسازی و برون‌سازی، به مرحله بُنه‌سازی می‌رسیم. مرحله‌ای که در آن ریشه‌های شکل‌گیری شخصیت بررسی می‌شود.

تمثیل شبکه خورشیدی

به منظور سامان‌دهی تجربه‌های گذشته و کشف بنه‌سازها، از یک تمثیل با عنوان شبکه خورشیدی استفاده می‌کنیم. در این تمثیل، تجربه‌های تن آگاهی، خاطرات آزاردهنده افراد مهم زندگی مانند پدر، مادر، اعضای خانواده، معلم و ...، خواب‌ها و کابوس‌های تکرارشونده و سایر اطلاعات مفید را کنار هم چیده، تا در مرکز آن بتوانیم تم مشترک یا همان بنه‌ساز را کشف کنیم. در طرحواره درمانی، طرحواره‌ها یا تله‌هایی از پیش تعیین شده وجود دارد که باید تجربه‌ها را در آن قالب مشخص قرار داد (مانند طرحواره طرد شدگی، ایثار، معیارهای سخت‌گیرانه و ...) ولی در خودورزی، همچون مورد گزارش شده زیر، فرد با کمک تمرینات برون‌سازی، خاطرات، تروماها، خواب‌ها و کابوس‌ها، فشارهای بیرونی را گزارش می‌نماید.

در مورد زیر، خانمی با اضطراب‌های شدید و وسواس فکری عملی مراجعه نمودند که در مرحله هیجان‌ورزی، اطلاعات زیر به دست آمد. پس از جمع آوری اطلاعات از تمرین‌های پیشین و قرار دادن آن‌ها در این شبکه خورشیدی، الگو یا بنه بنیادین کشف شد و نام «نیش مردانه» برای آن انتخاب شد.

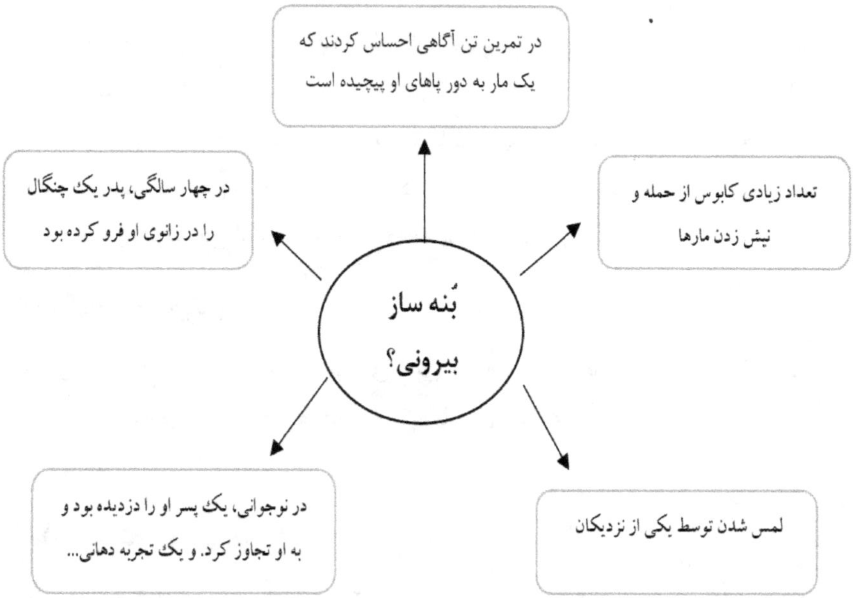

شکل ۷-۲. شبکه خورشید برای کشف بنه‌سازها

۳- نام گذاری- اثرگذاری

بعد از کشف الگوها و بنه‌سازها، با همکاری مراجع می‌توان یک نام برای این بنه‌ساز انتخاب کرد. تفاوت این روش با طرحواره درمانی اینست که، در طرحواره درمانی، نام و ویژگی‌های طرحواره‌ها از قبل مشخص شده‌اند و درمانگر و بیمار تلاش می‌کنند تا مشکل فرد را به یکی از طرحواره‌ها ربط دهند (نمونه‌ای از خطای تخت پروکروستس). این کار شبیه آنست که یکسری لباس از قبل دوخته شده را تن کنند تا لباس اندازه خود را بیابند، اما در خودورزی، لباس برای شما دوخته می‌شود.

نام‌گذاری

در مورد بیان شده در شکل ۷-۲، پس از تشکیل شبکه خورشیدی به منظور کشف بنه‌ساز بیرونی، از وی خواسته شد تا برای آن، یک نام را انتخاب نماید؛ وی با توجه به اطلاعات جمع‌آوری شده، نام «نیش مردانه» را برای بنه ساز خود انتخاب نمود.

اثرگذاری

واکنش‌های فعلی همیشه «پاسخ به این لحظه» نیستند، بلکه به شدت تحت تأثیر تجارب و بُنه‌سازهای گذشته قرار دارند. در اینجا نیز می‌توان از مثلث واکنش‌ها برای بررسی اثرگذاری بنه‌سازها بر تجربه‌های کنونی فرد استفاده کرد.

در این مرحله، ابتدا روی بُنه‌سازهای بیرونی یعنی افراد مهم (ابژه‌ها) کار می‌شود و به شیوه درمانگران پویشی از جمله دیوید مالان، از مثلث شخص[1] با اندکی تغییرات، به شیوه زیر استفاده می‌شود. ما این مثلث را مثلث واکنش‌ها می‌نامیم:

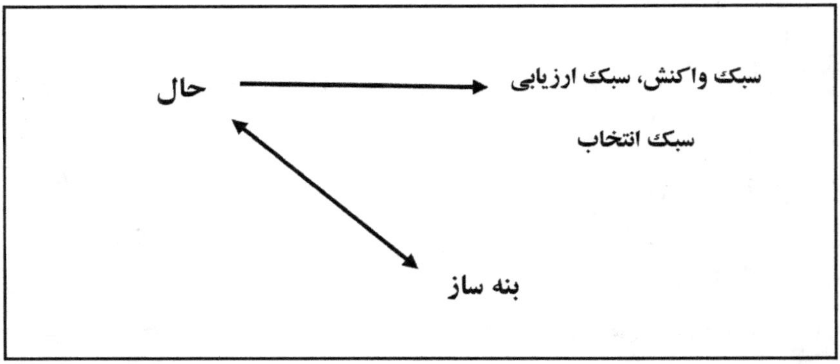

شکل ۷-۲. مثلث واکنش‌ها در کشف بنه‌سازها (جوهری فرد، ۱۴۰۳؛ ۲۰۲۵).

کار بر روی مثلث واکنش‌ها، همراه با تمرینات مداوم برون سازی و رهاسازی، بُنه سازهای بیرونی را آشکار می‌کند و بسیاری از الگوهای تکرار شونده جبری فرد - به صورت واکنش‌های رفتاری و احساسی- کشف می‌شود.

1- Triangle of person

مسیر مورب از حال به گذشته، همان فعال‌سازی حافظه هیجانی یا بنه‌سازی گذشته در لحظه حال است. درمانگر با شناسایی این مسیر می‌تواند الگوهای ناسازگار اولیه را کشف کند. این مدل کمک می‌کند تا بیمار متوجه شود، بسیاری از واکنش‌های هیجانی-رفتاری‌اش ناشی از گذشته‌اند، نه فقط شرایط فعلی (Represent).

◁ مراجع: زن ۳۵ ساله با مشکل اضطراب اجتماعی

۱. حال (موقعیت فعلی):

مراجع باید در جلسه کاری نظر خود را بیان کند. ناگهان دچار تپش قلب، تعریق و تنش عضلانی می‌شود.

۲. گذشته (تجربه‌های اولیه):

در کودکی وقتی در کلاس مدرسه جواب اشتباه می‌داد، معلم و همکلاسی‌ها او را مسخره می‌کردند. این تجربه تحقیرآمیز بارها تکرار شده است.

۳. واکنش‌های رفتاری و احساسی (خروجی مثلث):

احساسی: ترس از قضاوت، شرم و بی‌ارزشی.

رفتاری: سکوت کردن، اجتناب از صحبت در جمع، سرخ شدن صورت، پایین انداختن سر.

به طور کلی، هدف از تمرینات هیجان‌ورزی، رهاسازی و برون‌سازی هیجانات با هدف کاهش بار هیجانی خاطرات سرکوب شده پیشین و کشف بُنه‌سازهای بیرونی و درونی با هدف آگاهی از ریشه‌های شکل‌گیری شخصیت و رفتارهای نابهنجار کنونی و حرکت از سطح هیجان به سطح ادراک‌ورزی، با هدف قطع چرخه‌های معیوب گذشته و رشد و بلوغ شخصیت در حال است.

تکنیک‌های کشف بنه‌سازهای درونی

همان‌طور که گفته شد، بنه‌سازهای درونی به خواسته‌ها، نیازها، و ناگفته‌ها و احساسات درونی ما از دوران کودکی تا کنون اشاره دارد و در واقع گفتگوی وجه هشیارانه و بالغانه فرد (I) است با وجه ناهشیار و کودکانه (Me).

از لحاظ تکنیکی و بالینی همان سه دسته فنون پیشین به کار برده می‌شود، اما با هدف کشف بنه سازهای درونی(جوهری فرد، ۱۴۰۳؛ ۲۰۲۵).

۱. پرسشگری - کاوشگری

ایجاد گفتگوی عمیق با خود و کودک درون برای آشکارسازی نیازهای نادیده گرفته‌شده. برای نمونه مراجع می‌تواند در گفتگوی با خود بپرسید:

وقتی کوچک بودم، چه چیزی را بیشتر از همه می‌خواستم اما کسی به من نداد؟

اگر کودک درون من می‌توانست حرف بزند، الان چه چیزی از من می‌خواست؟

چه زمانی بیش از همه احساس امنیت و آرامش می‌کردم؟ چه کسی یا چه چیزی آن را فراهم می‌کرد؟

در کتاب کار، جدولی برای کشف نیازهای درونی در اختیار مراجع قرار داده می‌شود.

۲. ریشه‌یابی - بنه‌یابی

کشف منشأ و ریشه تاریخی یا هیجانی این نیازها در زندگی فرد. برای نمونه، به مراجع می‌گویید:

هر نیاز کشف‌شده را دنبال کن: «اولین باری که حس کردم این نیاز برآورده نشده چه زمانی بود؟

این نیاز به کدام تجربه، رابطه یا حادثه کودکی من برمی‌گردد؟»

وقتی این نیاز بی‌پاسخ ماند، چه هیجانی در من شکل گرفت (ترس، خشم، غم)؟

در اینجا می‌توان نقشه‌ای از ریشه‌های هیجانی و تاریخچه عدم ارضاء نیازها و خواسته‌های فرد کشف نمود.

۳. نام‌گذاری – اثرگذاری

می‌توان ناگفته‌ها، نیازها و خواسته‌های کشف شده مراجع را با همکاری وی نامگذاری کرد و سپس به بررسی اثر این عدم ارضاءها در زندگی او پرداخت. برای کمک به مراجع در کتاب کار تمرینات و نمونه‌هایی آمده است.

◁ در ادامه یک نمونه از مراحل به کارگیری فنون هیجان‌ورزی را بررسی می‌کنیم.

بیمار: بین من و خواهر بزرگترم در کودکی، خیلی فرق می‌گذاشتند. او پوستی سفید، چشمان رنگی و چهره‌ای زیبا داشت و من چشم و موهای مشکی، پوست و ظاهری معمولی!

درمانگر: فکر می‌کنید بین شما و خواهرتان، یک قطبیت ایجاد شد؟ یعنی در بیشتر رفتارها در قطب‌های مخالف و متضاد هم قرار گرفتید؟ (فن پرسشگری-کاوشگری)

بیمار: بله، دقیقاً! مثلاً من اهل درس بودم و خواهرم نبود. من مستقل‌تر و خواهرم وابسته به خانواده. من پرخاشگری می‌کردم و خواهرم منفعل بود و ...

درمانگر: آیا این تفاوت‌ها با مشکلات بعدی شما ارتباط پیدا کرد؟ مثلاً اعتماد به نفس؟ یا دریافت توجه از محیط‌های خارج از منزل؟ (فن بُنه یابی)

بیمار: بله، من معمولاً کل روز را در بیرون منزل بودم و با کلاس‌های مختلف خودم را مشغول می‌کردم. اعتماد به نفس من آنقدر پایین بود که وقتی کسی می‌گفت تو زیبا هستی، به او می‌خندیدم و باورم نمی‌شد.

درمانگر: پس در خانواده برای شما یک نام ساخته شد. به نام؟ (فن نام‌گذاری)

بیمار: «دختر زشت» !

درمانگر: و اثرات آن تا سال‌ها بر روی واکنش‌های رفتاری و احساسی شما تأثیر داشت (فن اثرگذاری).

فصل هشتم
مبانی نظری و بالینی ادراک‌ورزی

مبانی نظری و بالینی ادراک ورزی

موضوع ادراک در خودورزی تا آنجا مهم است که نخستین درنگ خودورزی با عنوان «در فریبندگی ادراک»، به تاثیر ادراک نادرست بر شناخت خود (Self-concept)، شناخت واقعیت (Reality testing)، شناخت توانایی‌های خود (Self-esteemself Self-efficacy)، تصمیم‌گیری‌ها و به طور کلی جهان پدیداری (Life world) فرد پرداخته شد.

در خودورزی، بین ادراک و روایت رابطه تنگاتنگ وجود دارد و به همین دلیل، این مرحله هم با عنوان ادراک ورزی و هم روایت ورزی به عنوان دو کار مکمل، نگاه می‌شود. ویگوتسکی (۲۰۰۱) زبان را میانجی تفکر می‌داند که تأثیر عمده‌ای در بازنمایی ما از واقعیت برجا می‌گذارد و برونر (۱۹۹۰) معتقد است، ساخت واقعیت، ماهیتی روایتی دارد. دو دستگاه موازی مفهومی و استعاره‌ای در نیمکره چپ و راست مسئول ساخت دادن به اندیشه‌ها و افکار را دارند. ما تجربه‌ها، خاطرات و حافظه خود را بر اساس روایت‌ها نظم می‌دهیم.

رخدادهای گذشته، در حافظه می‌تواند با تغییر روایت‌ها از کودک آسیب دیده با ظرفیت پردازش کم و محدود، به روایت بزرگسال بالغ و سالم با گنجایش و تجربه بزرگتر و بالغانه تر، پردازشی جدید گردد (Reprocceing) تا ادراک و احساس فرد

از گذشته تغییر یابد. بسیاری از رویکردهای پسامدرن در روان درمانی و سایبرنتیک نوع دوم و همچنین مبانی تئوری آشوب، معتقدند که واقعیت با کوچک‌ترین پدیده‌ها می‌تواند تغییر کند (همچون فنون باز معنایی Reframing، اثر پروانه‌ای و ...)، که این مورد بسیار مهم می‌تواند بسیاری از روایت‌های بیمار را از آسیب‌های گذشته تغییر دهد و شیوه ادراکی آسیب دیده امروز او را اصلاح نماید (جوهری‌فرد، ۱۴۰۳؛ ۲۰۲۵).

فنون ادراک‌ورزی/ روایت‌ورزی

ادراک، مفاهیم (Concepts) را برای ما می‌سازد و این مفاهیم هستند که دنیای بیرونی و غریب را با دنیای درونی و شخصی ما پیوند می‌زنند، و به تبع، چنین فرآیندی همچون یک تیغ دو لبه، می‌تواند، هم برای فرد، کاربردی و مفید باشد وهم ناکارآمد و آسیب‌زا. زیرا، شکل‌گیری یک مفهوم غلط، منجر به درک اشتباه بسیاری از پدیده‌ها خواهد شد، و البته، چنین آسیب‌هایی برای مفاهیم انتزاعی مانند آزادی، پیشرفت، موفقیت، عشق و نظیر آن بیشتر خواهد بود. به عنوان مثال، اگر فرد از کودکی درک اشتباهی از مفهوم موفقیت داشته باشد، آنگاه به هر قیمتی می‌خواهد موفق باشد و شاید در این راه آسیب بسیاری به خود و اطرافیان خود بزند. بنابراین، برداشت ما از انسان و جهان و رویدادهای بیرونی وابسته به شیوه ادراکی ما و به تعبیر فلاسفه پست مدرن، روایت (Narration) ما از آن رویدادهاست (روایت‌ورزی).

به طور کلی، در این بخش می‌خواهیم با تقویت خودآگاهی و کار روی ادراک (ادراک‌ورزی)، تعبیر و تفسیر (از دیدگاه روان کاوی سنتی) و سبک اندریافت خود را از موضوعات گذشته، حال و آینده، با روایت یک بزرگسال سالم و رشد یافته تمرین کنیم.

زندگی را می‌توان همچون یک داستان در نظر گرفت. که من و شما نویسندگان آن نبودیم. داستانی که پیش از تولد، شروع شد، ازدواج پدر و مادری که من نقشی در آن نداشتم، در کشوری، شهری، مذهبی و فرهنگی که پیش از ما وجود داشت.

حتی در زمان و مکان و چگونگی تولد خود نقشی نداشتیم و از آن مهم‌تر، نخستین سال‌های زندگی، که هنوز خودآگاهی، شکل نگرفته بود، رخدادهایی رخ داد که در حس ایمنی و آرامش و سلامت تن و روان ما در سال‌های بعد تأثیری بسیاری داشت.

به ظاهر، داستان تراژدیک و ناگوارایست؛ گویی همه چیز دریک حالت جبری و ناخواسته قرار دارد. و به گفته مایا انگلو، «هیچ عذابی بالاتر از این نیست که یک داستان ناگفته را درون خودتان تحمل کنید.». اما خبر خوب اینست که آنچه روایت زندگی ما را آنچنان ناخوشایند نشان می‌دهد، روایت کودک آسیب‌پذیری است که سبک ادراکی ناپخته و امکانات روان‌شناختی محدودی برای تغییر در خود احساس می‌کند، در حالی که اگر همین زندگی را با روایت یک بزرگسال سالم و بالغ روایت کنیم، رخدادهای ناگوار گذشته را، به سبکی جدید می‌توانیم روایت و باز پردازش کنیم و احساس جدیدی نسبت به گذشته خود پیدا کنیم.

فنون بازتعریف/بازچارچوب Renaming/ Reframing

فن بازتعریف یا نام گذاری مجدد، فنی که در آن مراجع نام‌گذاری و مفاهیم گذشته خود را- که از ادراکی کودکانه سرچشمه می‌گرفتند- نام‌گذاری دوباره – و با ادراکی بالغانه- انجام می‌دهد. این کار باعث تغییر زاویه نگاه، کاهش بار هیجانی منفی، و باز کردن مسیرهای جدید برای ادراک می‌شود.

معروف‌ترین و پرکاربردترین مثال در این زمینه، نام و مفهوم کمال گرایی است، که ظاهراً می‌خواهد ما را به رشد، پیشرفت و کمال برساند، اما با ادراکی بالغانه متوجه می‌شویم که ما در دام کامل‌گرایی، استبداد بایدها و معیارهای سخت‌گیرانه گرفتار شده‌ایم و این کمال‌گرایی نیست. پس نام و تعریفی جدید و بالغانه برای آن می‌یابیم که جنبه‌های آسیب زایی کمال‌گرایی را حذف کند و صرفاً جنبه رشد و کمال را نگه دارد.

فن بازچاچوب یا چارچوب بندی مجدد نیز به صورت هماهنگ با فن بازتعریف به

آفرینش روایت و ادراکی جدید و بالغانه از مفاهیم، خاطرات، رخدادها و رفتارها می‌پردازد و به تدریج فرد را از ادراکی کودکانه به خود و زندگی و در واقع گذشته، رها می‌سازد.

یکی از فنون بسیار مفید برای تمرین روایت‌ورزی در کتاب کار خودورزی، تمرین سویچ است.

شکل ۸-۱. تمرین سویچ. سویچ ازروایت گذشته (کودک آسیب‌دیده) به روایت حال (بزرگسال سالم)

هر رخدادی ممکن است از دریچه روایت کودک آسیب‌دیده، دردناک و فاجعه به نظر برسد: دعوای پدر و مادر، تهدید مادر به ترک خانه، نمره نگرفتن در یک امتحان، تنبه معلم، و ... اما، وقتی بعد از ۲۰ تا ۳۰ سال بعد و از دریچه روایت بزرگسال سالم، با امکانات و شرایط متفاوت زیستی، روانی، اجتماعی و به طور کلی تجربه زندگی بیشتر، به آن پرداخته می‌شود، برداشت و ادراکی تازه شکل می‌گیرد که تأثرات آسیب‌زای گذشته را می‌کاهد.

در ادامه یکی از نمونه‌های روایت‌ورزی و تغییر سبک ادراکی با کمک فنون بازتعریف، بازچاچوب و سویچ ارائه شده است.

بهبود ۳۸ ساله، کارشناس ارشد یک شرکت صنعتی و مجرد، با تشخیص افسردگی، پس جلسات متعدد در زمینه هیجان‌ورزی و روایت‌ورزی، دو روایت خود را در ارتباط با پدر خود به صورت زیر تعریف کرد:

روایت کودک آسیب دیده (بهبود ۸ ساله): پدرم از کودکی از من انتقاد می‌کرد و به همه چیز گیر می‌داد. می‌گفت درست بشین، درس بخون، چرا این حرف رو به فلانی گفتی و ... . هیچ وقت من رو تأیید نمی‌کرد و یک نگاه تمسخر آمیز به کارهای من داشت. هر چند من تنها فرزند او بودم که درس خواندم و به عنوان یک مهندس ارشد، یک شغل خوب دارم، اما هنوز هم به چشم او نمی‌آیم.

روایت بزرگسال سالم (بهبود ۳۸ ساله): حالا که با سن الانم به رفتارهای پدرم نگاه می‌کنم، متوجه می‌شوم که من را خیلی دوست داشت و نمی‌خواست که سرنوشت من شبیه برادرها و خواهرهای دیگر من شود و فکر می‌کرد که با این گیر دادن‌ها و تذکرهای مداوم، من پیشرفت بیشتری می‌کنم. البته روش او اشتباه بود، اما با دانسته‌ها و سبک قدیمی تربیتی‌اش، این بهترین کاری بود که بلد بود. این شیوه روایت از رفتارهای پدرم، بسیاری از خشم‌ها و ناراحتی‌ها را نسب به او، برایم تغییر داده و احساس می‌کنم می‌توانم او را ببخشم و از حرف‌ها و رفتارهایش بگذرم.

فصل نهم
مبانی نظری و بالینی توجه‌ورزی

مبانی نظری و بالینی توجه ورزی

توجه (Attention) یک توانایی شناختی است که به پردازش فعالانه، گزینش کردن و تمرکز بر یک محرک اشاره دارد. نظریه پردازان شناختی معتقدند که توجه برای کسب اطلاعات واقعی، نخستین گام شکل‌گیری رفتارهای سالم است و در حیطه خودتنظیمی، توجه و آگاهی، کانون اصلی حفظ و ارتقاء عملکرد روان شناختی هستند. همچنین در نظریه‌های سایبرنتیک، توجه کلید فرآیندهای مراوده و کنترل است و تصور می‌شود که زیربنای تنظیم رفتار است. بسیاری از مقالات روان‌شناسی شناختی، سوگیری توجه (Attention bias) به محرک‌های تهدید کننده را عامل اضطراب، به خاطرات منفی گذشته را عامل افسردگی و همچنین سایر محرک‌های آسیب زا را عامل سایر اختلالات روانشناختی می‌دانند.

همچنین، پژوهش‌های مربوط به بیوفیدبک، توجه را عنصری محوری در کاهش وضعیت‌های جسمانی ناسالم یا نشانه‌های بیماری می‌داند. نظم پریشی احساسات و رفتارها زمانی رخ می‌دهد که علائم، سرنخ‌ها و راه‌اندازها نادیده گرفته یا سرکوب شده و مورد توجه قرار نمی‌گیرند (برای مثال زمانی که فرد از الکل، ضد دردها، دارو و ... استفاده می‌کند).

توجه‌ورزی در خودورزی، به معنای پرورش دادن و تربیت کردن توجه است، به معنای کار کردن با توجه، به شیوه‌ای هشیارانه، بالغانه، مسئولانه و خلاقانه است. بنابراین، در این مرحله، تمرینات توجه آگاهی و هدایت هشیارانه توجه، و همچنین، توجه بالغانه کردن به محرک‌ها و بررسی تاثیرات این شیوه‌های توجه بر زندگی (زیست‌ورزی) انجام می‌شود. به عبارت بهتر، توجه‌ورزی در خودورزی، بیشتر بر روی هدایت هشیارانه توجه تأکید دارد (جوهری‌فرد، ۱۴۰۳).

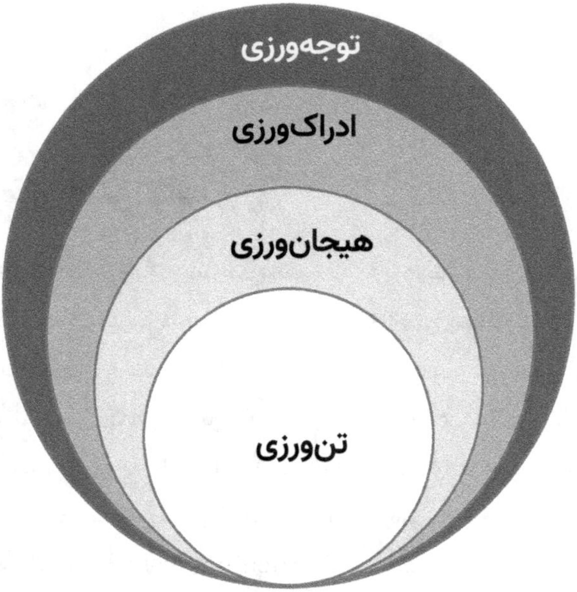

شکل۱. سلسله پایگان خودورزی
(جوهری‌فرد، ۱۴۰۳؛ ۲۰۲۵)
تن-هیجان-ادراک-توجه

توجه، عالی‌ترین فرآیند روان انسان است و می‌تواند، سلسله پایگان تن-هیجان-ادراک را پوشش دهد. توجه به تن، توجه به هیجان، توجه به ادراک!

چرا با وجود اهمیت توجه نسبت به ادراک، هیجان و بدن، آن را در پایان براین بودگی کار می‌کنیم؟

بر خلاف برخی دیدگاه‌های درمانی مانند توجه آگاهی و درمان مبتنی بر پذیرش و پایبندی، که از ابتدا روی توجه کار می‌کنند، و بسیاری از مسائل بدنی، هیجانی و ادراکی گذشته فرد را حل نشده باقی می‌گذارند، در خودورزی، این بخش از درمان در گام چهارم و پس از کار با بخش‌های پایین‌تر رخ می‌دهد. در واقع، در این مرحله، فرد می‌تواند خود را از سطوح پایین‌تر مغز جدا کند و آمادگی به کارگیری توجه را در زندگی روزمره به شیوه‌ای هشیارانه-بالغانه-مسئولانه-خلاقانه پیدا کند (جوهری‌فرد، ۱۴۰۳).

مبانی نظری توجه ورزی

۱. مبانی عصب‌شناختی[1] شبکه‌های عصبی مرتبط با توجه شامل:

۱-۱. شبکه عصبی برای توجه متمرکز و انتخابی[2]

۱-۲. شبکه عصبی برای جابه‌جایی توجه به محرک‌های مهم[3]

۱-۳. شبکه عصبی برای توجه درونی و خودآگاهی[4]

تمرینات توجه‌ورزی می‌توانند باعث تغییرات قابل‌سنجش در قشر پیش‌پیشانی[5]، قشر آهیانه‌ای[6] و ارتباطات بین شبکه‌ای شوند (تانگ و همکاران، ۲۰۱۵).

۲. مبانی روان‌شناسی شناختی

۲-۱. نظریه منابع توجه (کانمن، ۱۹۷۳):

توجه یک منبع محدود است و نحوه تخصیص آن تعیین‌کننده کیفیت پردازش اطلاعات و تصمیم‌گیری است، شامل:

1- Neuroscience Foundations
2- Executive Control Network
3- Salience Network
4- Default Mode Network
5- Prefrontal Cortex
6- Parietal Cortex

توجه انتخابی، پایدار و جابه‌جایی توجه
تمرین توجه‌ورزی می‌تواند هر سه نوع توجه را بهبود دهد، که در کاهش حواس‌پرتی و افزایش کارایی نقش دارد.

۲-۲. الگوی غربالگری (الگوی برادبنت):

ذهن محرک‌های ورودی را فیلتر وغربال می‌کند و تنها آنچه را که در راستای اهداف است، پردازش می‌کند.

۳. نسل سوم درمان‌های رفتاری (روان درمانی مبتنی بر توجه آگاهی)

۳-۱. روان درمانی مبتنی بر توجه‌آگاهی[1]

بر اساس پژوهش‌های جان کابات زین، تمرینات توجه‌آگاهی باعث کاهش اضطراب، افسردگی و افزایش خودتنظیمی می‌شوند.

۳-۲. درمان مبتنی بر پذیرش و پایبندی (ACT)

توجه‌آگاهی به افکار، هیجان‌ها و بدن، بدون قضاوت، برای ایجاد فاصله روانی و انتخاب رفتار همسو با ارزش‌ها.

۴. توجه درمدل خودورزی

در مدل خودورزی، توجه‌ورزی سطح چهارم مغز چهار سطحی است، که تمرینات آن می‌تواند توجه را بر سطوح ادراک-هیجان-تن به شیوه‌ای هشیارانه-بالغانه-مسئولانه-خلاقانه هدایت کند. توجه‌ورزی به‌عنوان یک «سیستم پایش» عمل می‌کند که داده‌ها را از تن، هیجان و ادراک دریافت کرده و در لحظه تصمیم می‌گیرد کجا متمرکز شود. با این دیدگاه، توجه‌ورزی نه فقط یک مهارت فردی، بلکه یک فرآیند تنظیم‌گر کل سیستم تن-روان است.

1- Mindfulness-Based Interventions

توجه‌ورزی و سپاسگزاری

یکی از بهترین شیوه‌های توجه‌ورزی و هدایت هشیارانه، بالغانه، مسئولانه و خلاقانه توجه، سپاسگزاری است. توجه، اگر هشیارانه هدایت شود، می‌توان از نیست‌ها، به هست‌ها؛ از زشتی‌ها، به زیبایی‌ها؛ از کمبودها به بودها توجه نمود و سپاسگزار هست‌ها و داشته‌ها شد. سپاسگزاری، توجه ما را به داشته‌هایمان افزایش می‌دهد و به جای تمرکز بر نداشته‌ها و نیست‌ها، ما را به احساس هشیارانه آنچه هست، هدایت می‌کند (جوهری فرد، ۱۴۰۳).

مطالعات fMRI نشان می‌دهند که تجربه سپاسگزاری با فعال‌سازی قشر پیش‌پیشانی میانی (mPFC)، قشر کمربندی قدامی (ACC) و آمیگدال همراه است (کینی و همکاران، ۲۰۱۶). همچنین، فعال‌سازی سیستم پاداش مغزی در نواحی مانند Ventral striatum و Nucleus accumbens که با لذت و انگیزش مرتبطند.

در فلسفه رواقی، سپاسگزاری به‌عنوان نوعی آگاهی از داشته‌ها و پذیرش جهان به همان شکلی که هست، منبع آرامش معرفی می‌شود. در فلسفه اخلاق کانتی، قدردانی یک وظیفه اخلاقی و پاسخی به خیرخواهی دیگران است.

دیدگاه اگزیستانسیالیستی، سپاسگزاری بخشی از «پذیرش مسئولانه زندگی» و یافتن معنا در تجربه‌های روزمره است.

و در روان‌شناسی معنوی، سپاسگزاری پلی میان خود و «دیگری» (انسان، طبیعت، یا امر متعالی) است که حس اتصال و همدلی را تقویت می‌کند.

فصل دهم
مبانی نظری و بالینی آتیه‌ورزی

مبانی نظری و بالینی آتیه ورزی

بخش دوم خودورزی، به آن شدگی است که به آن، آتیه‌ورزی هم می‌گوییم. آتیه‌ورزی، یعنی کار هشیارانه، بالغانه، مسئولانه و خلاقانه با آینده. در واقع، در برابر، کار بر روی گذشته، کار بر روی آینده هم اهمیت دارد. بسیاری از رویکردهای درمانی از جمله روان تحلیلی، پس از پایان تحلیل و مشاهده نشانه‌هایی از تقویت ایگو، رشد روان و بلوغ شخـصیت (Maturation) و افزایش واقعیت سـنجی (Reality testing)، درمان را به پایان برده و باقی ماجرای زندگی را به عهده فرد می‌گذارند. از سوی دیگر، درمانگران انسان گرا و به ویژه راجرزی، و اخیراً در برخی رویکردها نسل سوم، بدون درنظر گرفتن گذشته و تروماهای فرد، صرفاً روی جنبه‌های مثبت شخصیت (Resources)، شفاف‌کردن ارزش‌ها (Values Clarifi-cation)، کنـش متهدانه به ارزش‌ها (Commitment action) تأکید دارند.

به نظر من، به عنوان یک روان درمانگر بالینی که با یک بیمار دارای اختلال سروکار دارد، هر کدام از این رویکردها، یک طرف روان را در نظر گرفته و نگاهی کل‌نگر و سیستم اندیش به انسان ندارند (همچون یین بدون یانگ). به عبارت دیگر، در خودورزی، نخست مسئله فرد با گذشته را حل می‌کنیم و پس عبور از مسیر تن-

هیجان-اداراک-توجه به آینده فرد و آفرینش آنچه می‌خواهد می‌پردازیم. و آنچنان که در هفت درنگ خودورزی اشاره شد، ضرباهنگ زندگی را بر روی دو ضرب پذیرش (آنچه هستیم؛ براین بودگی) و آفرینش (آنچه می‌خواهیم؛ به آن شدگی) تنظیم می‌کنیم.

شاید این ایده به نظر آشنا آید و نظریه‌های انسان‌گرایی یا پذیرش و پایبندی (اکت) را تداعی کند، اما نکته قابل تأمل و توجه، مسیر بسیار پرماجرا و جلسات متعدد کار بر روی گذشته است که در این درمان‌ها روی آن کار نمی‌شود. به عبارت دیگر، ما بدبینی بیش از حد روان کاوی به انسان را با خوش بینی بیش از حد انسان‌گرایی به انسان را در کنار هم متعادل و منظم کرده‌ایم.

بخش دوم خودورزی، یعنی کار با آینده (آتیه‌ورزی) و فرآیند آفرینش آن، تحت تاثیر رویکردهای آلپورت، راجرز، مازلو، استیون هیز و حتی ادلر است و برای این منظور، از سه مسیر وارد می‌شویم: نخست، بررسی خود آرمانی و مقایسه آن با خود واقعی، دوم، کشف نقاط مثبت شخصیت (Resource) و بازروایت کردن گذشته و شخصیت با هدف کشف این ویژگی‌ها و سوم، پیدا کردن ارزش‌ها.

به طور کلی، مرحله به آن‌شدگی از چهار بخش تشکیل می‌شود (جوهری فرد، ۱۴۰۳؛ ۲۰۲۵):

۱- خود آرمانی

۲- به-بودگی (کشف نقاط قوت)

۳- ارزش‌های زندگی

۴- آفرینش آن

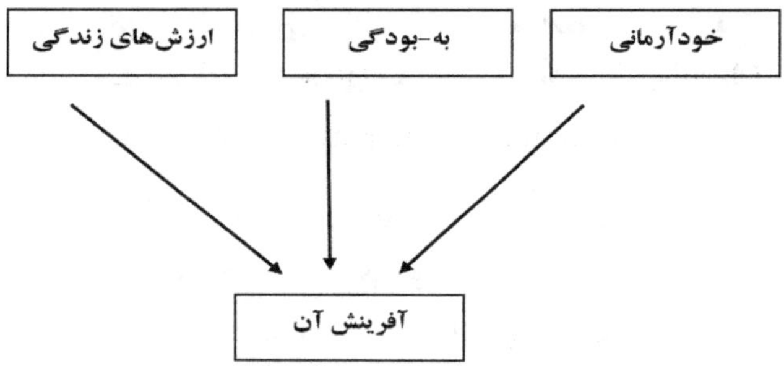

شکل ۱۰-۱. به آن شدگی (آتیه‌ورزی)، بخش‌ها و فنون آن
(جوهری‌فرد، ۱۴۰۳؛ ۲۰۲۵)

مبانی نظری با آن شدگی (آتیه‌ورزی)

مبانی نظری «آتیه‌ورزی» را می‌توان با ترکیبی از نظریه‌های روان‌شناسی مثبت‌گرا، انگیزشی و رشد فردی صورت‌بندی کرد.

۱. پایه‌های روان‌شناسی رشد و انگیزش

۱-۱. *نظریه خودتعیین‌گری*[۱]: تأکید بر نیازهای اساسی روان‌شناختی (خودمختاری، شایستگی، پیوندجویی) که برای ترسیم و پیگیری آینده ضروری‌اند.

۱-۲. *نظریه هدف‌گذاری*[۲]: آتیه‌ورزی با تعیین اهداف معین، چالش‌برانگیز و معنادار، عملکرد و انگیزش را بهبود می‌دهد.

۱-۳. *مدل امید اسنایدر*[۳]: آینده‌نگری به دو عنصر کلیدی نیاز دارد: مسیرسازی[۴] و عاملی[۵]. آتیه‌ورزی هر دو عنصر مسیرسازی و عامل بودن را دارد.

1- Self-Determination Theory; Deci & Ryan
2- Locke & Latham
3- Hope Theory
4- Pathways Thinking
5- Agency Thinking

۲. پایه‌های روان‌شناسی مثبت‌گرا

۲-۱. *الگوی نیکبودی اودایمونیک*[۱]: آتیه‌ورزی با ایجاد معنا، رشد شخصی و تسلط بر محیط ارتباط مستقیم دارد.

۲-۲. *نظریه‌سرمایه‌روان‌شناختی*[۲]: چهار مؤلفه امید، خوش‌بینی، تاب‌آوری و خودکارآمدی، زیرساخت روانی آتیه‌سازی را فراهم می‌کنند.

۲-۳. *کشف و تقویت نقاط قوت*[۳]: تمرکز برکشف نقاط قوت، توانایی‌ها و ارزش‌ها در جهت طراحی آینده و آتیه‌ورزی.

۳. پایه‌های آینده‌پژوهی و تفکر سیستمی

۳-۱. *آینده‌نگری سناریومحور*[۴]: آتیه‌ورزی به‌جای پیش‌بینی خطی، بر سناریوهای متنوع و انعطاف‌پذیر تکیه می‌کند.

۳-۲. *نظریه پیچیدگی و آشوب*[۵]: آینده قابل پیش‌بینی کامل نیست؛ انعطاف، خودسازماندهی و آمادگی برای تغییرات غیرخطی ضروری است.گاه یک تغییر کوچک (اثر پروانه‌ای) تغییراتی بزرگ در آینده ایجاد می‌کند.

۳-۳. *تفکر سیستمی*[۶] درک روابط بین اجزاء زندگی و اثرات متقابل آن‌ها در مسیر آینده.

۱- Eudaimonic Well-being; Ryff؛ در روانشناسی، یودایمونیا (Eudaimonia) به معنای شادکامی و رضایت از زندگی از طریق تحقق پتانسیل‌های فردی و زندگی معنادار و با هدف است. این مفهوم با خوشبختی هدنیک (Hedonic) که بر لذت و خوشی متمرکز است، متفاوت است. یودایمونیا به معنای پیدا کردن معنا و هدف در زندگی و رشد و شکوفایی شخصی است. به عبارت دیگر، یودایمونیا در روانشناسی به این معنی است که فرد:

- به دنبال کشف و تحقق استعدادها و توانایی‌های خود است.
- در فعالیت‌ها و کارهایی که برایش معنادار هستند، مشارکت می‌کند.
- با دیگران ارتباطات معناداری برقرار می‌کند.
- به رشد و توسعه فردی خود ادامه می‌دهد.
- به دنبال اهدافی است که فراتر از لذت‌های شخصی هستند.

بنابراین، یودایمونیا در روانشناسی به عنوان یک رویکرد به زندگی مطرح می‌شود که بر اهمیت معنا، هدف و رشد شخصی تأکید دارد و در مقابل خوشبختی هدنیک که بر لذت و خوشی متمرکز است قرار می‌گیرد.

2. Psychological Capital; Luthans
3- Strengths-Based Approaches
4- Scenario Planning; Schoemaker
5- Complexity & Chaos Theory
6- Systems Thinking; Senge

فصل یازدهم
مبانی نظری و بالینی زیست‌ورزی

مبانی نظری و بالینی زیست ورزی

سومین بخش خودورزی، تم زندگی نام دارد که با عنوان زیست ورزی یا کار هشیارانه، بالغانه، مسئولانه و خلاقانه با زندگی شروع می‌شود. اگر مرحله اول خودورزی (براین بودگی) را کار با گذشته بدانیم (گذشته ورزی)، و مرحله دوم خودورزی (به آن شدگی) را کار با آینده (آتیه‌ورزی)، مرحله سوم، کار با زمان حال و به اصطلاح اینجا و اکنون (now and here) است.

این بخش علاوه بر آنکه برای کار با زندگی در زمان حال طراحی شده است (زیست‌ورزی)، اما، کنش خودورزانه را نیز آموزش می‌دهد. منظور از کنش خودورزانه، انجام هر کاری (ورزیدن) به شیوه‌ای هشیارانه، بالغانه، مسئولانه و خلاقانه است (جوهری‌فرد، ۱۴۰۳؛ ۲۰۲۵):

تن‌ورزی (مراقبت هشیارانه، بالغانه، مسئولانه و خلاقانه از تن)؛
هیجان‌ورزی (مراقبت هشیارانه، بالغانه، مسئولانه و خلاقانه از هیجان)؛
ادراک‌ورزی (مراقبت هشیارانه، بالغانه، مسئولانه و خلاقانه از ادراک)؛
توجه‌ورزی (مراقبت هشیارانه، بالغانه، مسئولانه و خلاقانه از توجه)؛
آتیه‌ورزی (مراقبت هشیارانه، بالغانه، مسئولانه و خلاقانه از آینده).

بخش سوم خودورزی، در صورتی که دو بخش پیشین به خوبی انجام شود، می‌تواند ضامن اجرا و کنش‌های فرد در مسیر زندگی باشد، و آنچنان که گفته شد، چهار ویژگی اصلی ورزیدن، یعنی زیستن با تم هشیارانه، زیستن با تم بالغانه، زیستن با تم مسئولانه و زیستن با تم خلاقانه، در اینجا به تمرینات و مراحل درمانی خاصی انجام می‌شود.

نکته جالب و قابل توجه از گزارش‌های متعدد مراجعین اینست که، بسیاری از مسائل حل نشده و تروماتیک گذشته فرد و همچنین، نگرانی‌ها و سردرگمی‌های آینده او، دیگر مطرح نمی‌شود و در جلسات درمانی می‌توان روی حرکت فرد در مسیر زندگی تمرکز نمود.

مبانی نظری تم زندگی

مفهوم تم زندگی از دو بخش تشکیل شده است که شامل، طرحواره زندگی (Life schema) و مسیر زندگی (Life path) است. طرحواره زندگی طرح و چارچوب ذهنی فرد نسبت به زندگی است؛ یک نوع ذهنیت خاص فرد نسبت به مسائل بیرونی. در واقع، بعد درون ذهنی زندگی است. طرحواره زندگی، باید در یک مسیر زندگی قرار بگیرد تا نمود پیدا کند. مسیر زندگی، بعد عینی و بیرونی زندگی (Intersubjective) است، که دارای جهت است و همچون یک بُردار، زندگی ما را به یک سمت و جهتی معین پیش می‌برد.

۱. طرحواره زندگی (Life Schema) بُعد ذهنی و درونی تم زندگی

طرحواره زندگی مجموعه‌ای از باورها، تصاویر ذهنی، خاطرات، ارزش‌ها و انتظارات است که فرد درباره «چگونه زیستن» و «حضور در زندگی» در ذهن خود دارد. این بخش با نظریه‌های زیر همسو است:

۱-۱. *نظریه طرحواره درمانی*[1] *جفری یانگ* ساختارهای پایدار شناختی-هیجانی در ذهن.

1- Schema Theory

۱-۲. *نظریه خودهای ممکن*[1] *مارکوس و نوریوس* تصویرهایی از خود مطلوب، خود ترسناک و خود محتمل.

۱-۳. *الگوهای معنابخشی در زندگی*[2] توجه به اهداف بلندمدت و ارزش‌ها به عنوان چارچوب جهت‌دهنده.

۲. مسیر زندگی (Life Path) بُعد بیرونی و عینی تم زندگی

مسیر زندگی بیانگر تجسم عملی و بیرونی تم زندگی در جهان واقعی است؛ شامل انتخاب‌ها، موقعیت‌ها، روابط، دستاوردها و تجربه‌هایی که در طول زمان شکل می‌گیرند. این بخش با نظریه‌های زیر همسو است:

۲-۱. *رویکرد چرخه زندگی*[3] اریک اریکسون: گذارهای رشدی و بحران‌های هر مرحله.

۲-۲. *نظریه مسیرهای زندگی*[4]*:* نقش عوامل تاریخی، اجتماعی و فرهنگی در شکل‌گیری مسیر زیستن.

۲-۳. *روان‌شناسی مثبت‌گرا*[5]*:* تمرکز بر نقاط قوت، شکوفایی و دستیابی به اهداف معنادار.

تم زندگی، به مجموعه طرحواره زندگی و مسیر زندگی می‌گویند. هنگامی که زندگی ما به یک چارچوب و مرزبندی درون -بیرون دریک مسیر مشخص پیش می‌رود، درواقع تم زندگی شکل گرفته است. تم زندگی یک مسیر رشد و تحول است در جهت شدن! (Becoming) اگر زندگی را به یک سفر تشبیه کنیم که دارای مبدأ و مقصد معینی است، آنگاه مسیر بین مبدأ مقصد را می‌توان «مسیر زندگی» نامید، و طرح ذهنی سفر را «طرحواره زندگی» و این دو با همدیگر «تم زندگی» ما را به وجود می‌آورد.

1- Possible Selves
2- Meaning in Life
3- Psychosocial Stages
4- Life Course Theory
5- Positive Psychology

شکل ۱۱-۱. شکل‌گیری تِم زندگی. تم زندگی، از برهم‌کنش و تعامل بُعد درون ذهنی «طرحواره زندگی» و بُعد برون ذهنی «مسیر زندگی»، که از یک مبدأ ادراک اینی «براین بودگی» و به مقصد آفرینش آن «به آن شدگی» شکل می‌گیرد (جوهری فرد، ۱۴۰۳).

به طور کلی، طرحواره زندگی، هدایت و تفسیر ذهنی تم زندگی و مسیر زندگی، اجرای طرحواره زندگی و بررسی بازخوردهای واقعی در بستر زندگی است. و این تعامل پیوسته، تم زندگی را شکل داده و آن را به تجربه‌ای زنده، منعطف و قابل بازآفرینی بدل می‌کند.

چهارگانه تِم‌زندگی (کنش خودورزانه)

خودورز در مسیر زندگی خویش، از مبدأ «براین بودگی» به مقصد «به آن شدگی» باید چهار وجه تم زندگی خود را همچون چهارچرخ یک خودرو، پرورش و هماهنگ (بالانس) کند. این چهار وجه شامل (جوهری‌فرد، ۱۴۰۳؛ ۲۰۲۵):

۱. زیستن با تم هشیارانه
۲. زیستن با تم بالغانه
۳. زیستن با تم مسئولانه
۴. زیستن با تم خلاقانه

کنش خودورزانه، یعنی در نظر گرفتن ابعاد هشیارانه، بالغانه، مسئولانه و خلاقانه در هر کنشی از زندگی. شناخت هر یک از این ابعاد، می‌تواند باعث نگهداشت سلامت روان را در مسیر زندگی باشد. چهارگانه تم زندگی، با هرکدام از خرده چهارگانه‌های خود، همچون یک چهارچوب و داربست، زندگی شما را در مسیر زندگی نگه می‌دارد و شما را در مسیر بالندگی و خودشکوفایی پیش می‌برد.

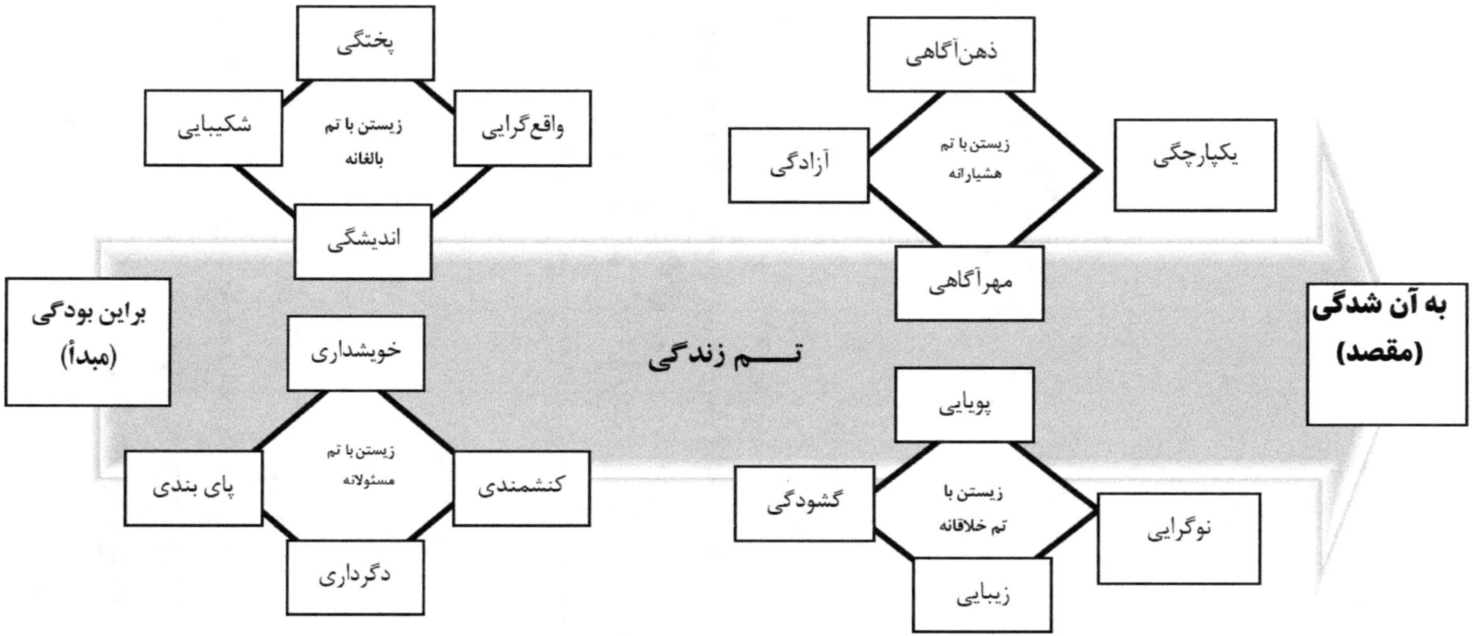

شکل ۱۱-۲. چهارگانه تم زندگی (کنش خودورزانه)
(جوهری فرد، ۱۴۰۳؛ ۲۰۲۵)

فصل دوازدهم
پژوهش در خودورزی

پژوهش در خودورزی

خودورزی از نخستین روزهای شکل‌گیری، بر بستری از پژوهش‌های بالینی و آزمایشی قرار گرفته است، و همچنان این مسیر پژوهشی ادامه دارد. به طور کلی، پژوهش‌های خودورزی به دو شیوه کیفی و کمی انجام می‌شود.

پژوهش‌های کیفی در خودورزی

در پژوهش‌های کیفی، هدف کشف تجربه‌های زیسته مراجعین و درمانگران از فرآیند خودورزی است. کتاب کار خودورزی، نمونه‌های بسیاری از تجربه‌های زیسته مراجعین را معرفی می‌کند. ابزار جمع‌آوری داده‌ها در این پژوهش‌ها، مصاحبه عمیق نیمه‌ساختاریافته، تحلیل یادداشت‌های درمانی، مشاهده مشارکتی در جلسات است. خوشبختانه، مراجعین در این زمینه همکاری بسیاری داشته و تاکنون یادداشت‌های عمیق و کاربردی خود را در اختیار من و تیم پژوهشی خودورزی قرار داده‌اند. در ادامه یک مورو پژوهشی کیفی با همکاری و رضایت مراجع ارائه شده است:

مورد پریما[1]

پریما خانمی ۳۳ ساله و دارای مدرک کارشناسی ارشد، متأهل و بدون فرزند بود. وی با تشخیص اولیه اختلالات اضطرابی، وسواس فکری شدید و گاه به دلیل اضطراب زیاد، تجربه حالت‌های تجزیه‌ای مراجعه نمودند. با توجه به عدم توفیق در درمان‌های دارویی و تمرینات رفتاری و شناختی، با درخواست روان کاوی، پیشنهاد خودورزی به وی داده شد.

مرحله اول خودورزی، براین بودگی

تن ورزی: پریما، به دلیل حالت‌های غریب و اضطراب‌زای تجزیه‌ایی، از هر گونه تمرین تن‌ورزی اجتناب می‌کرد و مقاومت شدیدی برای ارتباط گرفتن با بدن خود داشت. با این حال، و با احتیاط تمریناتی مختصر در زمینه تن‌آگاهی و تن‌آرامی و تن‌آموزی همچون ماساژ، ورزش‌های هوازی، تن‌داری (مراقبت از بدن) و به خصوص آموزش ابراز وجود را آغاز نمود که چند ماه طول کشید تا به نتایجی رضایت‌بخش رسید. در این مرحله، به وی توصیه شد تا تمرینات تن‌ورزی را به عنوان بخشی از سبک زندگی خود، به صورت روزانه انجام دهد.

نتایج این تمرینات باعث کاهش اضطراب و حالات تجزیه‌ای ناشی از آن و ارتباط بهتر با بدن شد.

هیجان ورزی: بخش کار با تروما و خاطرات گذشته، به دلیل مقاومت‌های پریما بسیار با کُندی پیش می‌رفت. در این مرحله، ابتدا تمرینات رهاسازی و ارتباط گرفتن با بخش هیجانی شخصیت انجام شد و به تدریج به سمت برون‌سازی و بیان تروماهای سرکوب شده پیش رفتیم.

۱- با سپاس فراوان و تقدیر از ایشان که گزارش‌های مفصل درمانی و خودورزی خود را با رضایت در اختیار بنده قرار دادند.

بخشی از خاطرات تروماتیک وی همچون، تولد خواهر کوچک‌تر به فاصله یک سال بعد (و عدم رسیدگی کافی مادر)، رفتارهای بسیار سخت‌گیرانه و کنترل‌گر پدر نسبت به مادر (از جمله بحث‌ها و دعواهای مداوم پدر و مادر)، زندگی با یک عموی اسکیزوفرن و دیدن رفتارهای عجیب و غریب وی (بدبینی‌ها و دعوا و کتک‌کاری‌های عمو)، تحقیر و طرد شدن توسط دوستان در دوران تحصیلی، و ... باعث کشف بنه‌سازهای بیرونی وی شد و با کمک فنون هیجان‌ورزی (همچون پرسشگری-کاوشگری؛ الگویابی-بنه‌یابی؛ نام‌گذاری-اثرگذاری) یک بنه‌ساز با عنوان «کیمیای آرامش» کشف و نام‌گذاری شد. البته بنه‌سازهای دیگری نیز کشف و نام‌گذاری شد و با کمک مثلث واکنش‌ها، اثرگذاری آن‌ها در زندگی او بررسی شد. در بخش کشف بنه‌سازهای درونی، ملاقات و گفتگو با دوران کودکی و بررسی نیازها، منجر به کشف نیاز به پیشرفت و حمایت از دیگران شد.

ادراک‌ورزی: تغییر روایت و سبک ادراکی پریما، در این سن و با آن میزان از خاطرات تروماتیک، در ابتدا برای او غریب و غیرقابل‌باور بود. اما، به تدریج با درک مفهوم «روایت» و آشنایی با نگاه پسامدرن (واقعیت نرم و قابل تغییر)، و فنون ادراک‌ورزی (همچون نام‌گذاری مجدد و چارچوب بندی مجدد) توانست نگاهی جدید از دیدگاه بزرگسال سالم به زندگی پیدا کند. توجه‌ورزی. پریما در کمال ناباوری توانست با گذشته خداحافظی کند (گسست از گذشته) و توجه خود را هشیارانه به داشته‌های اکنون خود بیاورد (هست آگاهی) و به تدریج به سپاسگزاری از داشته‌هایش بپردازد.

مرحله دوم خودورزی. به آن شدگی (آتیه‌ورزی)

خود ایده آل: پریما در فرم مصاحبه اولیه، خود را فردی خودخواه، عصبی، کم‌طاقت، وسواسی، کم حوصله، پرتلاش و ... توصیف کرده بود. در این مرحله، ویژگی‌هایی همچون، مهربانی، آرامش، ثبات، بخشندگی، صبر و نظیر آن را به عنوان خود ایده‌آل خود معرفی نمود.

به بودگی (کشف نقاط قوت): وی با بررسی استعدادهای بالقوه و بالفعل پدری و مادری و همچنین، بررسی نقاط‌قوت خود در گذشته، ویژگی‌هایی همچون هوش و قدرت تحلیلی بالا، نویسندگی، رهبری‌کردن، اهل مطالعه بودن و تلاش را یافته بود.

ارزش‌ها: مطالعه و یادگیری، سلامت جسمی و به ویژه رشد فردی مهم‌ترین ارزش‌های پریما بود.

آفرینش آن. در جلسه آفرینش آن، مجموع بحث و بررسی در مورد خود ایده‌آل، استعدادها و ارزش‌ها، منجر به آفرینش و ساخت آینده و روش شدن افق زندگی شد.

مرحله سوم خودورزی. تم زندگی.

طرحواره زندگی: پریما حالا طرحی روشن از زندگی خود داشت. گذشته‌ای که آگاه بر آن بود و آینده‌ای طراحی شده از ویژگی‌های شخصیت وی.

زیستن با تم هشیارانه: پریما در یادداشت‌های خود، تجربه افزایش آگاهی و هشیاری خود در زندگی را توضیح داد و به ویژه یکپارچگی را برای خود شخصیت چندپاره و بیقرار خود مناسب دید. همچنین، تمرین آزادگی، او را از بند باورهای گذشته رها کرد: «خود را همچون نقطه‌ای نورانی که سراسر آگاهی است می‌بینم... نقطه‌ای نورانی در این جهان بیکران...سبکبال هستم ، و رها... سراسر عشق هستم... من در لحظه هستم...».

زیستن با تم بالغانه: از نگاه پریما، ضعیف‌ترین بخش شخصیت او، بالغ بود، و تمرینات این بخش را با جدیت انجام می‌داد. در تمرین واقع گرایی، متوجه عدم توازن و تعادل بین زندگی خیالی و واقعی شد: «وقتی اون چیزی را که دوست دارم داشته باشم توی تصور و خیالم می‌بینم، عالیه. همه چیز همون طوری پیش می‌ره که من می‌خواهم. توی ذهنم سناریوها را به دلخواه می‌چینم....محدودیتی وجود ندارد...لذت می‌برم...

چارچوب وجود ندارد...اما، وقتی به دنیای واقعیت بر می‌گردم، ناکامی را تجربه می‌کنم. اینجا من نیستم که قواعد را تعیین می‌کنم...واقعیت مرز دارد و به ناچار باید تابع آن‌ها باشی و این سخته...گاهی تشخیص مرز واقعیت و خیال سخته و منو سردرگم می‌کنه...حالا با تمرینات خودورزی یاد گرفته‌ام که واقعیت مطلق نیست و می‌توان با روش پذیرش-آفرینش با آن پیش رفت... توی جلسات با دکتر جوهری فرد، خیلی روی این موضوع کار کردیم و بارها ناکام شدم...اما، تلاش کردم قوی‌تر ادامه دهم...».

زیستن با تم مسئولانه: تمرین خویش داری-دگرداری، تعادل مراقبت از خود و دیگران را به پریما آموخت: «حالا با تمرینات خودورزی، با خودم مهربان‌تر هستم، راحت با نقص‌های خود برخورد می‌کنم و می‌بخشم، کمتر از خودم انتظار دارم و بالتبع، از دیگران هم کمتر انتظار دارم... توقع‌ام از دیگران را کم کرده‌ام... ظرفیت خودم را شناخته‌ام».

با تمرین کنشمندی، آگاهانه، بالغانه و مسئولانه رفتار می‌کرد و حس مفید بودن، ارزشمندی و قدرت داشت.

زیستن با تم خلاقانه. پریما اکنون در حال گذراندن این بخش از درمان است و احساس پویایی در زندگی و گشودگی نسبت به تجربه‌های جدید و در دنیای واقعی برای او بسیار کاربردی و جذاب است.

پژوهش‌های کمّی در خودورزی

در پژوهش‌های کمی، هدف آزمون اثرگذاری پروتکل‌های آموزشی درمانی خودورزی و بررسی متغیرها است. در این زمینه از شیوه‌های آمار توصیفی و استباطی همچون تحلیل واریانس چند راهه، تحلیل کوواریانس چند راهه و نظیر آن در قالب پایان نامه‌ها و مقالات علمی استفاده شده است. از جمله پایان نامه‌های انجام شده در مقطع کارشناسی ارشد روان شناسی بالینی شامل:

۱- اثربخشی برنامه آموزشی درمانی خودورزی بر کیفیت زندگی، انعطاف‌پذیری روان‌شناختی و بهزیستی روان‌شناختی در دانشجویان دانشگاه خانم (دانشجو: سعید رنگین کمان).

۲- اثربخشی برنامه آموزشی درمانی خودورزی بر خودتنظیمی هیجانی، خودکارآمدی در مدیریت دیابت و انعطاف‌پذیری شناختی در مبتلایان به دیابت نوع دو بیمارستان گلستان اهواز (دانشجو: نگین مساوات).

۳- اثربخشی برنامه آموزشی درمانی خودورزی بر خودانتقادی، شرم درونی شده و کمال‌گرایی دانشجویان (دانشجو: زهرا نواصر).

۴- اثربخشی برنامه آموزشی درمانی خودورزی بر خودکارآمدی، تن انگاره، استرس ادراک شده و ذهنی سازی در نوجوانان دارای اضطراب (دانشجو: الهه خجسته‌پور).

۵- اثربخشی برنامه آموزشی درمانی خودورزی بر ادراک خویشتن، معنای زندگی و اضطراب وجودی در مراجعه کنندگان به کلینیک‌های روان‌شناسی شهر اهواز (دانشجو: عاطفه صرخه).

۶- اثربخشی برنامه آموزشی درمانی خودورزی بر سبک دلبستگی، نیرومندی ایگو و مکانیزم‌های دفاعی در دانشجویان مبتلا به افسردگی (دانشجو: زهرا نیکویی بروجنی).

۷- اثربخشی برنامه آموزشی درمانی خودورزی بر تاب‌آوری، خودکارآمدی و خودآگاهی هیجانی در دانشجویان متأهل (دانشجو: مهدیه ذلقی).

۸- اثربخشی برنامه آموزشی درمانی خودورزی بر خودکارآمدی، سازگاری و خودانتقادی دانشجویان دختر (دانشجو: مینا عطوفت).

۹- اثربخشی برنامه آموزشی درمانی خودورزی بر تاب‌آوری، انعطاف‌پذیری روان‌شناختی و امیدواری در زنان مبتلا به افسردگی مراجعه کننده به کلینک‌های روان شناسی (دانشجو: صدیقه خواجوی).

۱۰- اثربخشی برنامه آموزشی درمانی خودورزی بر بهزیستی روان‌شناختی، تاب‌آوری و خودباوری دانشجویان دانشگاه فرهنگیان (دانشجو: مرتضی علیزاده).

پیوست ها

انستیتو خودورزی

کلینیک روان‌شناسی رایان

فرم مصاحبه خودورزی

هدف از این فرم مصاحبه، دستیابی به تصویری جامع و روشن از زندگی شماست. همان‌طور که در کتاب توضیح داده شده، خودورزی، رویکردی است برای پیدا کردن مسیر زندگی شما، تا از سردرگمی در زندگی و تصمیم‌های ناآگاهانه رها شوید. با تکمیل این پرسش‌ها، از ائتلاف وقت در جلسات خودورزی جلوگیری می‌شود. جهت اطمینان شما، باید یادآور شویم که این اطلاعات کاملاً محرمانه و نزد درمانگر محفوظ می‌ماند.

۱) ویژگی‌های مثبت و منفی شخصیت خود را در دوران کودکی و نوجوانی از دیدگاه خودتان بنویسید.

....

....

....

....

....

۲) ویژگی‌های مثبت و منفی شخصیت خود را در دوران کودکی و نوجوانی از دیدگاه دیگران بنویسید.

....

....

....

....

....

۳) خاطرات آزاردهنده دوران کودکی خود را به صورت فهرست‌وار بنویسید.

....

....

....

....

....

۴) خاطرات آزاردهنده دوران نوجوانی خود را به صورت فهرست‌وار بنویسید.

....

....

....

....

....

۵) ویژگی‌های پدرتان را، در زمانی که کودک و نوجوان بودید، بنویسید.

....

....

....

....

....

۶) ویژگی‌های مادر را، در زمانی که کودک و نوجوان بودید، بنویسید.

....

....

....

....

....

۷) سایر افراد مهم زندگی شما چه کسانی بودند، و چه تأثیری از آن‌ها گرفتید؟

....

....

....

....

....

۸) الگوی شما در دوران کودکی و نوجوانی چه کسی بود؟

....

....

....

....

....

۹) به نظر خودتان، کدام نیازهای شما در دوران گذشته ارضاء نشده است؟

....

....

....

....

....

۱۰) آرزوها و ایده‌آل‌های شما در دوران گذشته چه بود؟

....

....

....

....

....

۱۱) برای آینده خود چه برنامه‌ای دارید؟

....

....

....

....

....

پروتکل پژوهشی درمانی خودورزی

پروتکل درمانی خودورزی، برای استفاده در پژوهش‌های دانشگاهی و بالینی، طراحی شده است. جدول زیر، چند جلسه از این پروتکل را نشان می‌دهد.

جلسه	محتوا
اول	معارفه و آشنایی با هنجارها و قوانین گروه، هفت درنگ خودورزی
دوم	*بخش اول درمان (برابن بودگی)، تغییرات بدنی (تن ورزی)*؛ تمرینات تن‌آرامی، تن‌آموزی، تن‌آگاهی
سوم	تغییرات هیجانی (هیجان‌ورزی)؛ رهاسازی، برون‌سازی
چهارم	تغییرات هیجانی (هیجان‌ورزی)؛ تصویرسازی، نوشتن نامه

منبع: جوهری فرد، رضا (۱۴۰۳). برنامه آموزشی درمانی خودورزی. تهران: انتشارات دانژه

استفاده از این پروتکل درمانی جهت امور پژوهشی، پایان‌نامه یا مقاله، منوط به اجازه کتبی از مؤلف است. استفاده از این شیوه درمانی نیازمند آموزش است و اجرای آن باید زیر نظر سوپروایزر انجام شود.

لطفاً درخواست خود را به ایمیل *rjoharifard@gmail.com* ارسال کنید.

پرسش و پاسخ در مورد خودورزی

۱- پرسش: خودورزی برای چه اختلالاتی مناسب است؟

پاسخ: خودورزی یک شیوه فراتشخیص است؛ الگویی درمانی برای بررسی و ترمیم ریشه و علت اختلالات. بنابراین، برای همه اختلالات حوزه روان قابل استفاده است.

۲- پرسش: در کارهای بالینی چه زمانی، خودورزی توصیه می‌شود؟

پاسخ: بر اساس الگوی سیستم اندیش[1]، جلسه اول را به مصاحبه تشخیصی (بدون رویکرد و با هدف تشخیص اختلال بر اساس DSM) عمل کنید و جلسه بعد، مصاحبه درمانی (بر اساس انتخاب رویکرد درمانی و با هدف فرمول‌بندی اختلال).

از آنجا که خودورزی، یک رویکرد عمق به اختلالات به حساب می‌آید، بهتر است ابتدا علائم و نشانه‌های فرد از طریق دارو و تمرینات رفتاری و شناختی کاهش یابد و سپس، وارد خودورزی شد.

۳- پرسش: مدت زمان خودورزی چقدر است؟

پاسخ: مراحل و فرآیند خودورزی کاملاً تعریف شده و مشخص است و بسته به شرایط فرد می‌تواند متفاوت باشد. برای مثال، برای بعضی از مراجعین تمرینات تن‌ورزی بسیار طولانی می‌شود و برای بعضی تمرینات هیجان‌ورزی و ... بهتر است مراحل خودورزی با دقت و حوصله اجراء شود و برای رسیدن به نتیجه و پایان درمان عجله نداشت. خودورزی ماهیتی پویا دارد و توصیه می‌شود همیشه در سبک زندگی فرد در جریان باشد.

۱- فصل اول کتاب فنون روان درمانی بر مبنای رویکردها و روش‌ها تألیف رضا جوهری فرد را نگاه کنید.

۴- پرسش: خودورزی از چه سنی قابل اجراست؟ آیا برای کودکان می‌توان از آن استفاده کرد؟

پاسخ: در حال حاضر، خودورزی برای بزرگسالان اجرا می‌شود و پروتکل مناسب کودکان بررسی نشده است.

۵- پرسش: آیا خودورزی به صورت گروهی قابل اجراست؟

پاسخ: بلی. هم اینک گروه‌های مختلف خودورز تشکیل شده و نتایج رضایت بخشی گزارش می‌شود.

۶- پرسش: مراحل آموزش خودورزی برای درمانگران چگونه است؟

پاسخ: درمانگران بالینی که با اصول آسیب‌شناسی روانی و بالینی و روان درمانی آشنا هستند، پس از گذراندن کارگاه‌های نظری و عملی در زمینه خودورزی، بررسی و مطالعه گزارش‌های مراجعین، می‌توانند زیر نظر سوپروایزر، خودورزی را اجرا نمایند.

۷- پرسش: آیا خودورزی برای افراد سالم مفید است؟

پاسخ: خودورزی یعنی ورزیدن شخصیت؛ پس، اجرای آن در لایه‌های سطحی تا عمیق (بسته به نوع مشکل) قابل اجراست.

خودورزی برای افراد سالم، بدون درگیر شدن با بخش‌های عمیق شخصیت و خاطرات تروماتیک، می‌تواند به اصلاح سبک زندگی همه افراد کمک کند.

منابع

منابع

۱- جوهری‌فرد، رضا (۱۴۰۳). برنامه آموزشی درمانی خودورزی. تهران: انتشارات دانژه

۲- جوهری‌فرد، رضا (۱۴۰۳). فنون روان‌درمانی بر مبنای رویکردها و روش‌ها. چاپ ششم. تهران: انتشارات دهکده سلامت.

۳- جوهری‌فرد، رضا (۱۴۰۳). برنامه آموزشی درمانی خودورزی (کتاب کار). تهران: انتشارات روان‌شناسی و هنر

1. Alexander, A. (1975). Bioenergetic psychotherapy. Retrieved from https://openlibrary.org/books/OL24745085M/Bioenergetics

2. Amir, N., Elias, J., Klumpp, H., & Przeworski, A. (2003). Attentional bias to threat in social phobia: Facilitated processing of threat or difficulty disengaging attention from threat? Behaviour Research and Therapy, 41, 1325-1335.

3. Body Psychotherapy. (n.d.). Retrieved from http://www.europsyche.org/contents/13215/body-psychotherapy

4. Bruner, J. (1990). Acts of meaning. Cambridge, MA: Harvard University Press.

5. Bruner, J. (2002). Making stories: Law, literature, life. New York: Farrar, Straus & Giroux.

6. Bruner, J. (2003). The narrative construction of reality. In Narrative Intelligence. Philadelphia: John Benjamins Publishing Company.

7. Carlson, N. (2014). Foundations of behavioral neuroscience. New York: Pearson.

8. Carlson, N., & Birkett, M. (2017). Physiology of behavior. New York: Pearson.

9. Dalgleish, T., Moradi, A. R., Taghavi, R., Neshat-Doost, H. T., Yule, W., & Canterbury, R. (2000). Judgments about emotional events in children and adolescents with post-traumatic stress disorder and controls. Journal of Child Psychology and Psychiatry, 41, 981-988.

10. Dalgleish, T., Taghavi, R., Neshat-Doost, H., Moradi, A., Canterbury, R., & Yule, W. (2003). Patterns of processing bias for emotional information across clinical disorders: A comparison of attention, memory, and prospective cognition in children and adolescents with depression, generalized anxiety, and posttraumatic stress disorder. Journal of Clinical Child and Adolescent Psychology, 32, 10-21.

11. Derryberry, D., & Reed, M. (2002). Anxiety-related attentional biases and their regulation by attentional control. Journal of Abnormal Psychology, 111, 225-236.

12. Di Chiara, G. (2000). Role of dopamine in the behavioural actions of nicotine related to addiction. European Journal of Pharmacology.

13. Eddy, M. (2009). A brief history of somatic practices and dance: Historical development of the field of somatic education and its relationship to dance. Journal of Dance & Somatic Practices.

14. Ehrenreich, J. T., & Gross, A. M. (2002). Biased attentional behavior in childhood anxiety: A review of theory and current empirical investigation. Clinical Psychology Review, 22, 991-1008.

15. Field, M. (2004). Cognitive bias and drug craving in recreational cannabis users. Drug and Alcohol Dependence.

16. Ingram, N. (2009). The international encyclopedia of depression. New York: Springer Publishing Company.

17. Johari Fard, R. (2025). Self-Working: A novel integrative approach to psychotherapy. IV International British Congress on Interdisciplinary Scientific Research & Practices, London, UK.

18. Leahy, R. L. (2018). Emotional schema therapy. New York: Guilford Press.

19. Ma, X., et al. (2017). The effect of diaphragmatic breathing on attention, negative affect and stress in healthy adults. Frontiers in Psychology.

20. Miller, A., & Jenkins, A. (2006). The body never lies: The lingering effects of hurtful parenting. New York: W. W. Norton & Company.

21. Preece, D. A., Becerra, R., Robinson, K., & Gross, J. J. (2020). The Emotion Regulation Questionnaire: Psychometric properties in general community samples. Journal of Personality Assessment, 102(3), 348-356. https://doi.org/10.1080/00223891.2018.1564319

22. Price, C. J., & Thompson, E. A. (2007). Measuring dimensions of body connection: Body awareness and bodily dissociation. Journal of Alternative and Complementary Medicine.

23. Robbins, D. (2001). Vygotsky's psychology-philosophy: A metaphor for language theory and learning. New York: Kluwer Academic/Plenum Publishers.

24. Sheehan, J. (1995). Psychology as narrative: A critical application of Paul Ricoeur's philosophy of narrative to psychotherapy. Dublin: Dublin University Press.

25. Teasdale, J. D., Segal, Z., & Williams, J. M. G. (1995). How does cognitive therapy prevent depressive relapse and why should attentional control (mindfulness) training help? Behaviour Research and Therapy, 33, 25-39.

26. Thielen, M. (2013). Body psychotherapy for anxiety disorders. International Body Psychotherapy Journal, 13(2), 44-60. Retrieved from http://usabp.org/wp-content/uploads/2013/10/IBPJ-volume-13-No-2Fall2014.pdf

27. Totton, N. (2003). Body psychotherapy: An introduction. Maidenhead, England: Open University Press.

28. Utay, J. M., & Miller, M. (2006). Guided imagery as an effective therapeutic technique. Journal of Instructional Psychology.

29. Young, C. (1997). History of body psychotherapy. Retrieved from http://usabp.org/about-us/history-of-body-psychotherapy

Self-Working

A Systems Thinking Approach to Psychotherapy

Reza Johari Fard

Psychotherapy has undergone significant transformations, moving from symptom-focused interventions to more holistic and integrative models. This paper introduces and reviews Self-working (Khudvarzi), a newly developed therapeutic approach.

Self-working is proposed as a comprehensive psychotherapeutic framework that integrates past, future, and present dimensions of human experience. Grounded in a novel four-level brain model—comprising body, emotion, perception, and attention—its first domain, "Being-through-past," aims at reconstructive work with personal history and unresolved experiences. The second domain, "Becoming-through-future," emphasizes the creative process of shaping an ideal self, values, and strengths. The third domain, "Life-theme," focuses on cultivating mindful, mature, responsible, and creative living in the present moment.

Self-working operationalizes these domains through a structured set of techniques and stepwise interventions, offering a coherent paradigm for self-awareness, self-regulation, and self-creation within psychotherapy. The review highlights theoretical foundations, practical techniques (e.g., body-awareness, emotional release, perception reframing, and attentional training), and

clinical implications of Self-working. It is argued that, this approach offers a comprehensive paradigm for psychotherapy that bridges Eastern contemplative practices and Western scientific traditions.

SELF-WORKING

A Systems Thinking Approach to Psychotherapy

REZA JOHARI FARD